Curso rápido para hablar en público

Daniela Bregantin

CURSO RÁPIDO PARA HABLAR EN PÚBLICO

La voz, el lenguaje corporal, el control de las emociones, la organización de los contenidos...

A pesar de haber puesto el máximo cuidado en la redacción de esta obra, el autor o el editor no pueden en modo alguno responsabilizarse por las informaciones (fórmulas, recetas, técnicas, etc.) vertidas en el texto. Se aconseja, en el caso de problemas específicos —a menudo únicos— de cada lector en particular, que se consulte con una persona cualificada para obtener las informaciones más completas, más exactas y lo más actualizadas posible. EDITORIAL DE VECCHI, S. A. U.

Traducción de Cristina Sala.

Fotografías del interior Marco Giberti.

Diseño gráfico de la Cubierta: © *YES.*

Fotografía de la cubierta: © *Jeremy Liebman/Getty Images.*

© Editorial De Vecchi, S. A. 2018
© [2018] Confidential Concepts International Ltd., Ireland
Subsidiary company of Confidential Concepts Inc, USA
ISBN: 978-1-68325-787-5

El Código Penal vigente dispone: «Será castigado con la pena de prisión de seis meses a dos años o de multa de seis a veinticuatro meses quien, con ánimo de lucro y en perjuicio de tercero, reproduzca, plagie, distribuya o comunique públicamente, en todo o en parte, una obra literaria, artística o científica, o su transformación, interpretación o ejecución artística fijada en cualquier tipo de soporte o comunicada a través de cualquier medio, sin la autorización de los titulares de los correspondientes derechos de propiedad intelectual o de sus cesionarios. La misma pena se impondrá a quien intencionadamente importe, exporte o almacene ejemplares de dichas obras o producciones o ejecuciones sin la referida autorización». (Artículo 270)

Al profesor Claudio Risé

Doy las gracias a mis padres por el afectuoso apoyo que me han ofrecido durante la preparación de este libro; al maestro Paolo Grazioli, experto en vocalización, y a la doctora Laura Salandini, por sus valiosos consejos; al doctor Paolo Pinna, que ha localizado muchos de los célebres discursos presentes en el texto; al doctor Germano Alberti, que ha aceptado aparecer en las fotos; a mis amigos Mirna y Adalberto y al profesor Gabriele Morello, queridos compañeros de este viaje.

Un amigo jesuita me dijo una vez que para él la divinidad se encarnaba en el infinito coloquio amoroso entre las tres personas de la Trinidad. ¡Cómo me gusta la idea de que el amor se exprese en este diálogo continuo! ¡La comunicación como acto de amor!

INTRODUCCIÓN

POR QUÉ ESTE LIBRO

«Es una realidad humana inevitable. Cada cual comunica aquello que es» (Peter Brook).

He trabajado como actriz durante muchos años, he dedicado gran parte de mi tiempo a conocer «mi instrumento» —mi cuerpo—, a prepararlo para que exprese aquello que intento comunicar, a mejorar su sensibilidad y disponibilidad para captar los estímulos comunicativos de los otros actores en el escenario y del público en la sala. He convivido con los textos de los grandes autores de teatro, he conocido su extraordinario sentido del ritmo, la capacidad descriptiva y evocativa de las palabras. He visto cómo estas pueden emocionar y persuadir. Y he observado a muchas personas llorar o reír gracias a ellas.

Y ahora me ocupo de ayudar a otros a desarrollar esta extraordinaria forma de comunicación que es el arte de la oratoria. Circunstancia especial en la que somos protagonistas de un hecho «extra-ordinario», en el sentido más auténtico —etimológico— de la palabra: «más allá de lo ordinario». No se trata del diálogo al que estamos acostumbrados, en el que el intercambio verbal tiende a ser paritario, sino de una comunicación cuyo desarrollo guiamos nosotros.

Afrontar y gestionar bien una tarea como esta no es sólo una necesidad imperiosa para quien, por su trabajo, se halla en la posición de exponerse a menudo frente al público, sino también para todas aquellas personas que desean mejorar su capacidad de comunicación. Cuanto mejor sepamos afrontar y superar retos importantes, tanto más rápidamente crecerá nuestra conciencia sobre los medios que tenemos a nuestra disposición y la habilidad para adaptarlos a nuestras intenciones expresivas.

Una de las cosas que me gusta del teatro es que cada representación es distinta. Los mismos diálogos, el mismo peinado, el mismo vestido, el mismo teatro, pero cada noche un público diferente. Y si, por una extraña circunstancia, se tratase del mismo público, en cualquier caso la representación sería otra, porque nunca una función es idéntica a la anterior. Creo que esta es la magia de hablar en público: es un hecho nuevo, irrepetible, y por ello supone un desafío cada vez.

Resulta emocionante el momento en el que constatas que el milagro de la comunicación se está produciendo: el público queda cautivado por tu discurso y tú mismo te ves atrapado por el público y por la relación que se está estableciendo. El tiempo entonces pasa a tener un valor únicamente subjetivo, porque lo estáis creando, juntos.

Hace años, durante un paseo, vi en una playa una obra extraordinaria, una escultura de arena que representaba a una hermosa mujer, de curvas suaves y generosas y rostro ligeramente inclinado. No he olvidado nunca la imagen de aquella mujer de vida tan breve. ¿Cuánto tardaría la marea alta en hacerla desaparecer? ¿Cuántas horas? Sin embargo, todavía conservo el recuerdo. Quizá pueda hablarse de encuentro.

A veces en las empresas escucho hablar de determinadas reuniones que tuvieron un carácter especial, de ciertas intervenciones que hicieron historia en la misma.

Ese es el objetivo.

Lección I

DE LA RETÓRICA AL *PUBLIC SPEAKING*

LA FUERZA DE LA EXPERIENCIA

«La costumbre y la práctica dan la habilidad necesaria para la oratoria...», escribió Quintiliano, uno de los principales divulgadores de la retórica en Roma, en el siglo I, y «Nadie puede aprender a hablar en público sin hablar en público», sostiene Dale Carnegie, uno de los más autorizados divulgadores actuales del *public speaking* («hablar en público»).

Sólo la experiencia «mueve», nos enseña la antropología teatral: es capaz de modificar los comportamientos de manera rápida y duradera.

¿Estas consideraciones significan que un libro sobre hablar en público no es útil? En absoluto. Simplemente nos recuerdan que nada puede sustituir a la experiencia. Quien desee destacar en el arte de hablar en público no debe perder la ocasión de hacerlo. «Debemos practicar siempre y en cualquier lugar», sugiere Quintiliano.

¿POR QUÉ UN MANUAL?

Este manual constituye un instrumento de análisis, de comprobación de nuestra experiencia. Si bien el cambio se produce mediante una certeza, a menudo intuitiva, de qué funciona y qué no, también es cierto que algunos parámetros de comportamiento, fruto de la investigación de quienes se han ocupado y se ocupan de estos temas, pueden resultar elementos de comparación muy útiles. Comenzando por los maestros de la retórica antigua, hasta llegar a los exponentes contemporáneos de las escuelas de este arte, se han identificado unas reglas comunicativas capaces de mejorar nuestras capacidades y respecto a las cuales podemos establecer comparaciones. Con un mayor conocimiento de los mecanismos de la oratoria, el proceso de valoración y cambio puede ser más consciente y, en consecuencia, más rápido.

«La palabra gato no maúlla», nos recuerda Bertrand Russell. Podemos hablar sin fin sobre qué significa sufrir vértigo y cómo superar este miedo, pero otra cosa es hablar habiéndolo experimentado, experiencia que en mi caso tiene una imagen muy precisa: un escenario alto, con escaleras muy inclinadas y sin pasamanos, en una calle veneciana. La incapacidad para bajar..., el descenso realizado sentándome en los escalones, la adopción de esta postura por parte de uno de mis personajes (un Pantaleón con faldas). Y además otra imagen. El mismo escenario, en Champagne esta vez. Las palabras del director (también gran pedagogo): «No hay ningún problema, esto sucede; después, con el tiempo, se supera». Durante los descansos, sin que los otros me vean, pruebo y pruebo y, finalmente, un día logro bajar la escalera en posición erguida. Podríamos seguir hablando, pero en lo que a mí respecta haber logrado descender es lo único que interesa.

LA ARGUMENTACIÓN PERSUASIVA: LA RETÓRICA

«La retórica es similar a la dialéctica: el objeto de ambas es conocido, en cierto modo, por todos los hombres, y no sólo por una determinada ciencia. Por ello todos participan de alguna manera en ambas: hasta cierto punto todos se ocupan de indagar alguna tesis y sostenerla, defenderse y acusar. Aunque la mayor parte lo hace de manera espontánea, algunos, en cambio, lo hacen en virtud de una práctica que proviene de un hábito» (Aristóteles, Retórica, I, 1, 1354a).

UN POCO DE HISTORIA

Se suele ubicar el nacimiento de la retórica en un lugar y un tiempo bien definidos: en Sicilia, en el siglo V a. de C. Tras el derrocamiento del último tirano de Siracusa, Trasíbulo, la ciudad regida por la democracia asistió a una serie de enfrentamientos, pronto transformados en procesos protagonizados por los ciudadanos con el objetivo de reapropiarse de los bienes que les habían sustraído los tiranos. Los directamente interesados tenían que defender su causa frente a los jueces. Entonces, el filósofo Corax, junto con su alumno Tisias, se ocupó de redactar un manual que pudiese servir a los ciudadanos para organizar mejor su discurso y hacerlo más persuasivo. De este modo apareció el primer tratado de retórica. Esto es, al menos, lo que afirma Cicerón (*Bruto* 46):

«Dice, por tanto, Aristóteles que, cuando en Sicilia acabaron con la tiranía y después de mucho tiempo se comenzó de nuevo a hacer valer en los tribunales los derechos de los ciudadanos, entonces por primera vez (se trataba, en efecto, de gente aguda y con una capacidad innata para la discusión) los sicilianos Corax y Tisias escribieron las reglas del arte de la retórica. Anteriormente nadie hacía discursos de acuerdo con un método y una norma, aunque, en general, lo hiciesen con cuidado y de forma ordenada».

El uso de la nueva técnica pronto se consolidó incluso en Atenas. La tarea de difusión de la retórica fue realizada, entre otros, por el filósofo siciliano Gorgias y los sofistas, quienes se ocuparon de un aspecto que no corresponde tanto al desarrollo y la lógica argumentativa como a la adopción de una prosa atractiva y capaz de persuadir. Así pues, fue Gorgias quien desarrolló aquella parte que atañe a las figuras retóricas.

La contribución de Aristóteles

A mediados del siglo IV a. de C. Aristóteles se ocupó de definir y reorganizar el instrumento de la retórica, que consideraba una técnica capaz de promover la justicia y, como tal, «útil».

El filósofo subdividió la retórica en tres géneros: deliberativo, que se ocupa de temas políticos y éticos; judicial, cuya finalidad es acusar y defender; y demostrativo, que sirve para elogiar o denostar.

Caracterizó, además, cuatro partes, es decir, cuatro fases necesarias para la elaboración de cualquier discurso: *inventio*, *dispositio*, *elocutio* y *actio*.

• La *inventio* «invención», la primera fase de la elaboración, es el momento en el que, utilizando la memoria, se recuperan las ideas relacionadas con el tema en cuestión, ideas que subyacen en el inconsciente del orador.
• Mediante la *dispositio* «disposición» los materiales recuperados son ordenados según un esquema formado por una parte inicial (*exordium* o «exordio»), un cuerpo central, en el que se presentan y prueban las tesis propias, y una parte final (*peroratio* o «peroración»), en la que se resume el discurso y se hace un llamamiento.
• La *elocutio* «elocución» consiste en elegir el estilo que se dará al discurso.
• Por último, la *actio* «acción» es la fase de exposición del discurso, la puesta en acción.

LAS TRES CLAVES DEL ORADOR

Según Aristóteles, la fuerza de convencimiento del orador reside en la combinación de tres elementos: *logos, pathos* y *ethos*.

LOGOS

Es el componente racional: para dar credibilidad y demostrar nuestras afirmaciones es necesario argumentar.

Podemos definir el *logos*, la lógica, como el proceso a través del cual, partiendo de ciertas premisas, se llega a una conclusión determinada.

El *logos* retórico difiere del metafísico o científico, según Aristóteles, porque su finalidad no consiste en hallar la verdad, sino en persuadir al público a partir de presupuestos únicamente verosímiles.

Los instrumentos que caracterizan el *logos* retórico son el ejemplo y el entimema.

• El ejemplo está constituido por hechos, reales o inventados, que mediante un proceso inductivo conducen a ciertas consecuencias.

«Una especie de ejemplo consiste en hablar de hechos ocurridos anteriormente, otra en inventarlos nosotros mismos. Esta última comprende, por un lado, el símil y, por otro, la fábula [...]. Las parábolas de estilo socrático son un caso de comparación, como, por ejemplo, si se dijese que los gobiernos no deben ser designados por medio de sorteo, porque equivaldría a elegir como atletas no a los hombres capaces de competir, sino a los designados por un sorteo» (Aristóteles, Retórica, *II, 20, 1393a-b*).

• El entimema es un tipo de deducción o de silogismo («Todos los hombres son mortales; Sócrates es un hombre; por tanto, Sócrates es mortal»: el silogismo de la lógica científica se fundamenta en premisas verdaderas) que siempre parten de premisas verosímiles.

«Ningún hombre es libre, porque es esclavo del dinero o de la fortuna» (Aristóteles, Retórica, *II, 22, 1394b).*

Un célebre ejemplo de la aplicación de una modalidad argumentativa para refutar las tesis de los demás y defender las propias se halla en *Julio César*, de Shakespeare, en el fragmento en el que Antonio, fiel amigo de César, quiere restar credibilidad a las afirmaciones de Bruto, que justifica su participación en la conjura contra César sosteniendo que ha sido empujado a ello para contrarrestar la ambición del mismo. Estas son las palabras de Antonio:

> «El noble Bruto os ha dicho que César era ambicioso. Si tal ha sido, su falta fue muy grave y la habrá pagado terriblemente. Ahora, con permiso de Bruto y los demás, porque Bruto es un hombre honorable, y honorables son todos ellos, todos, vengo a hablar en el funeral de César. Amigo mío era, leal y justo para mí, pero Bruto dice que era ambicioso, y Bruto es un hombre honorable. Muchos cautivos trajo a Roma, y con sus rescates llenó las arcas públicas. ¿Pareció esto ambicioso en César? Las lágrimas de los pobres hacían llorar a César, y la ambición debería ser de índole más dura. Sin embargo, Bruto dice que era ambicioso, y Bruto es hombre honorable. Todos habéis visto cómo en la fiesta lupercalia le presenté tres veces una corona real, y cómo la rehusó tres veces. ¿Era esto ambición? Sin embargo, Bruto dice que era ambicioso, y por cierto que él es un hombre honorable. No hablo para reprobar lo que habló Bruto, pero estoy aquí para decir lo que sé».

Los hechos, la experiencia compartida («Todos habéis visto»), se convierten en el punto central de la demostración. No soy yo, Antonio, quien sostiene que César no era ambicioso, sino las cosas que César hizo. Los hechos.

Al respecto, recuerdo el impacto que me causaron dos diapositivas de una presentación empresarial que mostraban un mapa en el que se indicaban todos los lugares en los que la empresa tenía presencia, la primera, y el gráfico de crecimiento de la facturación, la segunda. En aquel momento me di cuenta de que la presentación era claramente argumentativa. El mensaje para el nuevo cliente era eficaz: afirmábamos ser una empresa orientada hacia la calidad y que a lo largo del tiempo había realizado elecciones estratégicas que habían dado buenos resultados. Pues bien, la presencia territorial y las cifras de la facturación daban credibilidad a nuestra afirmación.

Pathos

Es decir, el sentimiento, la pasión, la emotividad, el entusiasmo... Sin la capacidad para llegar al corazón del público, para hacer vibrar la cuerda de su sensibilidad, un discurso corre el riesgo de resultar poco incisivo. Nosotros no conocemos sólo a través del *logos*.

Las emociones representan otra forma de conocimiento, más profunda y sintética. Una forma de conocimiento y de cambio.

> *«Conocemos las cosas no sólo con la razón abstracta y calculadora, sino también con las razones del corazón. [...] las emociones son portadoras de conocimiento y metamorfosis» (E. Borgna).*

Y, por otra parte, como revela Aristóteles, los juicios que formulamos sufren la fuerte influencia de los estados de ánimo por los que atravesamos.

> *«Los juicios no son emitidos del mismo modo si se está influenciado por sentimientos de dolor o de alegría, o bien de amistad o de odio» (Aristóteles,* Retórica, *I, 2, 1356a).*

El secreto de la persuasión, por tanto, reside en la capacidad para desencadenar y guiar las emociones del público. Y para despertar emociones en los demás es necesario que también el orador se implique de forma real e intensa en el tema que propone al público.

> *«[...] aquello de lo que estamos hablando —los personajes y las cuestiones, las esperanzas y los miedos— debe mantenerse frente a los ojos, debe encontrar un lugar en los sentimientos de nuestro corazón. El corazón nos da la elocuencia, junto con la fuerza de la imaginación» (Quintiliano).*

Pienso en la diferencia, en el mundo de las artes, entre los grandes ejecutores, que poseen una técnica extraordinaria, y los auténticos artistas, capaces de pulsar cuerdas ocultas, secretas. Los primeros nos impulsan a decir «Un magnífico resultado», pero los segundos dejan sin palabras, conmocionan.

> *«Cuando el corazón arde, algunos destellos surgen por la boca» (Thomas Fuller).*

Cuando existe auténtica pasión, nuestras palabras, nuestra mirada, el cuerpo... todo lo demuestra. Por tanto, el *pathos* es, en primer lugar, la emoción y la pasión que el orador experimenta con su discurso, pero, al mismo tiempo, la emoción y la pasión que contagia al público.

Las emociones «contagian», poseen un extraordinario poder de transferencia: del orador al público. Las emociones que el orador vive pueden alcanzar al público, invadirlo y transportarlo.

Pero el buen orador, *dicendi peritus* «experto en el arte de decir», debe ser capaz de suscitar emociones también a través de su capacidad expresiva.

El orador —así como el actor— tiene que saber actuar sobre el universo emocional de su público. Con este objetivo Quintiliano ofrece la siguiente sugerencia: «El modo adecuado de provocar emociones consiste, pues, en imaginar los sentimientos o en imitarlos».

Imaginar o imitar los sentimientos. Recuerdo la explicación de Nedo Fiano, superviviente de un campo de exterminio, en el aula magna de una escuela superior; recuerdo su terrible relato y recuerdo también el silencio, no se oía ni un suspiro, y algunos rostros bañados por las lágrimas.

«El silencio señala el momento en que se ha captado plenamente la atención del público» (Peter Brook).

Rememoro también aquel extraordinario actor que era Tino Carraro, lo recuerdo ya viejo, al final de su carrera, en un monólogo (escrito por Giovanni Testori para otro gran actor) que explicaba una vivencia humana y teatral próxima a su fin. La interpretación resultaba tan veraz en esta singular superposición de representación y vida, que la emoción del público fue tan palpable como el brazo de la butaca del Piccolo Teatro en el que estaba sentada. Como dice Pascal:

«Cuando un discurso muestra con naturalidad una pasión o un efecto, encontramos en nosotros mismos la verdad que pretende transmitir y que no sabíamos que se encontraba ya en nosotros; de modo que nos vemos impelidos a amar a quien la dice; porque no ha mostrado un bien propio, sino nuestro; y este acto lo convierte en digno de aprecio, al tiempo que esta comunión de pensamiento que establecemos con él necesariamente nos impulsa a amarlo» (Pensamientos).

Amamos a los grandes maestros porque a través de sus palabras nos revelan quiénes somos; el público se identificará con el orador que, por medio de sus palabras, sepa atraerlo. Amamos a quien sabe llevarnos de la mano por el terreno de nuestras emociones; el público se dejará cautivar por aquel orador que llegue mejor y más rápido a su corazón que a su mente.

Es interesante observar que también el *marketing* y la publicidad actúan cada vez más incidiendo en aspectos de carácter emotivo. El *marketing* emotivo no ha nacido hoy, pero en la actualidad vive su máximo esplendor. El producto no se vende tanto por las ventajas que ofrece como por el imaginario que lo rodea, o las emociones que suscita. Las viejas campañas publicitarias que se basaban en los beneficios del producto, destacando aspectos de naturaleza racional, han dado paso a imágenes y palabras que llegan al corazón, y de ahí «Donde está Barilla está mi hogar». O «Telecom. Comunicar es vivir», afirmación con la que finaliza un anuncio publicitario muy intrigante y emocionalmente seductor, en el que la imagen de Gandhi se muestra en diferentes países del mundo a través de una pantalla gigante, un ordenador, un teléfono móvil, acompañada de la pregunta: si hubiese podido comunicar de este modo, ¿cómo sería el mundo en la actualidad? (P. Kotler).

ETHOS

La palabra *ethos* se puede traducir como «coherencia», congruencia entre lo que se piensa y lo que se comunica.

> *«Lo que tú eres me grita tan fuerte en la oreja que no puedo escuchar lo que dices» (R. W. Emerson).*

En este sentido, el *ethos* nace de la credibilidad que el orador ha conquistado con el paso del tiempo, pero corresponde sobre todo a la credibilidad que merece en aquel momento a partir de lo que dice y hace frente al público.

> *«Se persuade mediante el carácter cuando el discurso tiene la característica de hacer que el orador sea digno de crédito: creemos a las personas honradas en mayor medida y con más rapidez respecto a cualquier cuestión general [...]. Y esto debe proceder precisamente del discurso, y no de las opiniones preexistentes sobre el carácter del orador» (Aristóteles, Retórica, I, 2, 1356a).*

Por tanto, dice Aristóteles, el *ethos* del orador, su credibilidad, debe emerger de cómo elabora el discurso.

¿Cómo se sostiene la credibilidad? En primer lugar, dando pruebas de conocimiento real del tema que debe tratarse y, además, mostrando interés por el público.

Todo esto se expresa no sólo a través de las palabras del orador, sino también mediante su actitud, es decir, a través de sus miradas, gestos, posturas...

> «Si nuestros gestos y la expresión del rostro contradicen las palabras que pronunciamos, no sólo nuestro discurso resulta poco convincente, sino que carece de credibilidad» (Quintiliano).

ARIADNA O EL HILO DE LA RAZÓN

En el mito, Ariadna es aquella que, entregando el hilo a Teseo, le ayuda a llevar a cabo la empresa para la que se ha introducido en el laberinto de Dédalo: la muerte del Minotauro. Mitad toro y mitad hombre, este monstruo exigía continuos sacrificios humanos a los que Minos, rey de Creta, intentó poner fin.

La muerte del Minotauro significa la eliminación del instinto animal, pero también la liberación de la soledad a la que la falta de razón lo condenaba.

Teseo es el héroe que mata al monstruo, es una fuerza evolucionada; puede entrar en el laberinto y salir sin perderse gracias al hilo de Ariadna, utilizando de este modo el ingenio. Ariadna es la razón, aquella que facilita el retorno y permite llevar a cabo la conquista.

Por tanto, los héroes que vencen al Minotauro son dos. No era necesario el uso de dos personajes para destruir al monstruo; en muchos otros episodios de la literatura universal hay un héroe que se opone a un enemigo (piénsese en Ulises y Polifemo, David y Goliat). Aquí —no por casualidad— se produce un desdoblamiento de la fuerza conquistadora: por una parte, el brazo, por otra, la mente. Es la irrupción de la era de la razón, que implica separación (en el sentido del *distinguo* latino), pero al mismo tiempo, y precisamente por ello, relación.

Una clave de lectura

Estamos en la era de la complejidad. En la moderna interpretación de Dürrenmatt, el Minotauro vive rodeado de espejos, obligado a enfrentarse con la ilusión de su propia imagen reflejada y la búsqueda del «otro», con un oscuro presentimiento de la existencia de algo más allá de sí mismo que rompe la soledad del propio yo. Cualquier intento de entrar en contacto con la imagen reflejada resulta naturalmente inútil al romperse el reflejo en el vidrio con el que el Minotauro no puede y no sabe interactuar.

Por el contrario, Teseo, el nuevo héroe, está capacitado para el diálogo, para el encuentro, valor determinante del éxito en el combate.

El Minotauro morirá cediendo el lugar a un mundo de relaciones dialécticas: entre mente y cuerpo, masculino y femenino, *animus* y ánima, fuerza exterior y fuerza interior. El *logos*, la razón, ha determinado el éxito de la conquista; gracias a este hilo casi invisible se ha definido la relación victoriosa. Como analogía de la razón, la palabra y el discurso, el hilo ayuda a avanzar hacia conquistas culturales y mentales más amplias, permite la conexión necesaria para seguir adelante. Y cuanto más sea capaz la palabra de crear una conexión eficaz entre las «partes», tanto mayor efecto tendrá, permitiendo de este modo modificar la realidad.

Sin embargo, siguiendo la metáfora del mito, es importante considerar que la acción emprendida tiene un objetivo específico, y que para alcanzarlo se llevan a cabo intentos que a veces obligan a retroceder, como le habría ocurrido con seguridad a Teseo avanzando a tientas por el laberinto. Pero en esta aventura dos cosas siguen siendo seguras: el objetivo y el regreso al punto de partida.

En un discurso resulta esencial tener un objetivo claro y poder regresar al tema inicial, cerrando el círculo. Así pues, en esencia, ¿qué es un discurso? Salir indemne del laberinto.

CYRANO DE BERGERAC: LA PASIÓN INFINITA

Cyrano sólo parece tener en común con la máscara (es decir, el tipo fijo) del *capitano* de la *commedia dell'arte* la teatralidad y la gigantesca nariz. El *capitano* se vanagloria de gestas y de un valor del que carece en la misma medida en que Cyrano da muestras de un ardor y de un desprecio por el peligro fuera de lo común.

> «*Pues bien, sí, es mi vicio; desagradar es mi placer. Me gusta que me odien. Querido, ¡si supieras cuánto mejor se anda cuando lo miran a uno con malos ojos![...]*
>
> »*A mí, el odio me oprime cada día como la golilla que obliga a tener siempre erguida la cabeza*».

Más bien, podríamos decir que la máscara exterior del *capitano* ha sido ocupada por el carácter romántico del don Quijote de Cervantes. Y, como aquel, Cyrano expresa su confianza en sí mismo y en su utopía.

«Porque somos de los que sólo tienen por amante a un sueño forjado alrededor de un nombre...».

Sin embargo, en Cyrano habita una conciencia inédita de la que carece su predecesor: asume su desafío, va al encuentro de su destino proclamándolo. Es el protagonista de su escena. Así, en el drama, cuando se encuentra en el teatro, no es espectador, sino que reivindica la posición del primer actor, impidiendo a Montfleury, el actor de turno, recitar y ocupando él mismo el escenario.

«¡Os mando que guardéis silencio! ¡Y lanzo un desafío colectivo al público! [...]
»Vamos, ¿quién abre la lista? [...] ¡Que todos los que quieran morir levanten el dedo!».

Es el elogio de la teatralidad. ¿Por qué Cyrano resulta más interesante que los actores en un escenario? Porque el *pathos* forma parte de su naturaleza. Cyrano cree en lo que dice. Cyrano es lo que dice ser.

No sólo, como sucederá también con Antígona, ha adoptado una posición de coherencia con respecto a sí mismo, sino que actúa y la expresa con fuerza comunicativa. Da voz a su interior.

Cyrano es un comunicador. Es aquel que llega al corazón de los demás. Modifica los hechos con la espada y con la palabra. Persuade, ya sea con el ímpetu del discurso a los compañeros de armas, ya sea con las más finas sutilezas del discurso amoroso.

«Roxana, adiós, voy a morir...
»Es para esta tarde, según creo, mi bien amada. [...] Nunca jamás, jamás, mis ojos, ebrios de tus miradas que eran...
»... que fueron sus brillantes fiestas, besarán al vuelo tus menores gestos. Recuerdo ahora uno que os era familiar, al llevaros los dedos a la frente, y quisiera gritar...
»... y grito: ¡adiós!... Mi querida, querida mía, mi tesoro... Mi amor... Jamás os abandonó mi corazón ni por un momento, y soy —y seré en el otro mundo— aquel que os amó sin límites, aquel...».

Sea como sea, su discurso es acción, fuerza, nunca simple descripción. De manera análoga, el orador debe conmover al público defendiendo plenamente su rol. Sus palabras han de reflejarse en su rostro, porque este es el único modo en que pueden expresarse con fuerza, para alcanzar la exquisita coherencia que permite a nuestro personaje decir:

«No escribir jamás nada que no salga de uno mismo y decir modestamente: "Hijo mío, siéntete satisfecho de las flores, de los frutos y aun de las hojas, si son de tu jardín y tú mismo los has cosechado"».

ANTÍGONA O LA COHERENCIA ABSOLUTA

Según la mitología griega, Antígona, contraviniendo las órdenes de su tío, el rey Creonte, da sepultura al cuerpo de su hermano Polinices, enfrentándose con este acto de rebelión a una muerte segura.

Creonte. Respóndeme, sin demasiadas palabras. ¿Conocías mi orden, mi prohibición?
Antígona. La conocía. ¿Podría haberla ignorado? Era clara y notoria para todos.
Creonte. ¿Y tú has osado subvertir las leyes?
Antígona. Sí, porque no fue Zeus quien me las impuso. Ni la Justicia, que reside allá abajo entre los dioses del inframundo, ha establecido estas leyes para los hombres. No creía, además, que tus prohibiciones fuesen tan fuertes como para permitir a un mortal subvertir las leyes no escritas, inalterables, fijadas por los dioses; aquellas que no son ni de hoy ni de ayer, sino eternas; aquellas que nadie sabe cuándo aparecieron. ¿Podría yo, por miedo a un hombre, a la arrogancia de un hombre, dejar de considerar estas leyes frente a los dioses? Sé bien que soy mortal, ¿cómo no?, ¡aunque tú no lo hayas decretado ni sancionado! Morir ahora, antes de tiempo, es un bien para mí. Hubiese sufrido en cambio, y desmesuradamente, si hubiese dejado insepulto el cuerpo muerto de un hijo de mi madre. El resto no tiene importancia. Te parecerá que me comporto como una loca. Pero quien me acusa de locura, quizás es él, el loco (Sófocles, *Antígona*).

Antígona representa al personaje sin término medio, de comportamiento absolutamente coherente. Se trata de una mujer que asume plenamente consciente las duras consecuencias que tiene el oponerse a la ley en nombre de una ética superior, eterna, que se impone sobre las leyes seculares.

Se trata de un acto que, teniendo como resultado inevitable la muerte, es la manifestación de una toma de posición superior absoluta y vital: la del alma.

«*[...] quien vive éticamente siempre tiene una vía de escape; cuando todo va en su contra, cuando la oscuridad de la tempestad desciende sobre él y ya nadie puede verlo, él no naufraga y permanece aferrado a un lugar seguro, a sí mismo*» *(S. Kierkegaard,* Aut-Aut*)*.

Antígona es ella misma. Es su coherencia, y no puede actuar de forma diferente a como lo hace. Este es su punto fuerte; dado que la tragedia se apoya únicamente sobre sus hombros, su gesto adquiere un carácter universal, y lo asume hasta el final.

En este caso, Antígona puede considerarse el paradigma de la acción que emana de la pulsión interior, que posee un poder capaz de desafiar las leyes vigentes.

Su discurso es seco, consecuente, esencial y taxativo. Es ella quien, hablando, establece la verdad. La precisión del lenguaje que utiliza, en la moderna versión de Anouilh, se convierte en pausas temporales entre una frase y otra, dando lugar a un discurso de sala de tribunal, perfectamente adecuado con el argumento del texto: la justicia.

Creonte. ¿Por qué has intentado sepultar a tu hermano?
Antígona. Debía hacerlo.
Creonte. Lo había prohibido.
Antígona. Debía hacerlo igualmente [...].
Creonte. Era un rebelde y un traidor, lo sabes.
Antígona. Era mi hermano.
Creonte. ¿Habías escuchado proclamar el edicto en las encrucijadas? ¿Habías leído el manifiesto en los muros de la ciudad?
Antígona. Sí.
Creonte. ¿Sabías la suerte que le esperaría a quien osase rendirle honores fúnebres, quien quiera que fuese?
Antígona. Sí, lo sabía.
Creonte. ¿Acaso creías que ser hija de Edipo, la hija predilecta de Edipo, te bastaría para situarte por encima de la ley?
Antígona. No. Nunca lo he creído.
Creonte. La ley se ha hecho en primer lugar para ti, Antígona, la ley se ha hecho en primer lugar para las hijas del rey.
(Versión de Anouilh)

Antígona muere, pero en realidad vence porque su discurso nos ha convencido a todos. El secreto reside en la perfecta adecuación al registro lingüístico, así como a las pausas métricas. Esa es la coherencia del discurso.

PÁGINA DE APUNTES

📎 La experiencia, la práctica de hablar en público, es la manera de adquirir soltura y mejorar la propia capacidad.

📎 *Ethos, pathos, logos:* las tres claves del orador según Aristóteles.
Ethos: congruencia entre la palabra y la acción. El orador resulta creíble al público si existe correspondencia entre lo que comunica su lenguaje verbal y lo que dice su lenguaje no verbal.
Pathos: el lenguaje de las emociones. Si el discurso no se dirige al corazón del público, además de a su mente, hay menos posibilidades de llegar a ser incisivo.
Logos: el poder de la argumentación. Para ser convincente el orador ha de demostrar las tesis sostenidas en el discurso.

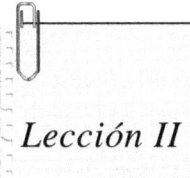
Lección II

COMUNICAR: PENSAMIENTO EN ACCIÓN

LOS POLOS DE LA COMUNICACIÓN

«Es necesario, en primer lugar, considerar quién es el orador, quiénes son los jueces y quiénes los oyentes (así como es lícito usar un lenguaje diferente dependiendo de a quién se tiene delante y de quién debe juzgar, las mismas consideraciones sirven a propósito del modo de pronunciar el discurso: en lo que respecta a la voz, los gestos, el modo de caminar, no conviene comportarse del mismo modo frente al emperador, el senado, el pueblo, los magistrados, en un proceso privado o público, en una petición al juez o durante una causa...); en segundo lugar, es necesario considerar el argumento del proceso y el resultado que se quiere obtener».

Tal como se deduce de las palabras de Quintiliano, la comunicación se compone de diferentes factores que se relacionan recíprocamente. Para comunicarse es necesario que exista:

• Un *emisor*, aquel que inicia la comunicación.
• Un *destinatario*, aquel que la recibe.
• Un *mensaje*, que es el vínculo entre ambos sujetos.

«El discurso consta de tres elementos: aquel que habla, aquello de que se habla, aquel a quien se habla. El objetivo del discurso se dirige a este, es decir, al oyente» (Aristóteles, Retórica, *I, 3).*

Para que el proceso esté garantizado, es indispensable que exista un *código*, compartido por emisor y destinatario, que permita la comprensión del mensaje.

La comunicación es siempre una acción orientada a un *objetivo*: alcanzar a un interlocutor con un mensaje a través de un *canal* en un determinado *contexto* (como el mismo Quintiliano subraya). El proceso se puede considerar concluido cuando se produce una respuesta por parte del destinatario, llamada *feedback*.

En otras palabras, la comunicación responde —según el modelo de Lasswell-Braddock— a las preguntas:

¿QUIÉN COMUNICA?	emisor
¿QUÉ SE COMUNICA?	mensaje
¿A QUIÉN?	destinatario
¿POR QUÉ MEDIO?	canal
¿EN QUÉ CIRCUNSTANCIAS?	contexto
¿CON QUÉ FINALIDAD?	objetivo
¿CON QUÉ EFECTOS?	resultado

El emisor, es decir, el orador

¿Quién es el orador? Es aquel que debe realizar una travesía del modo más eficaz posible y sin perder a ningún miembro de la tripulación.

La comunicación es, en efecto, el establecimiento de una relación, cuyos logros se miden de acuerdo con el interés mostrado por el público.

> «*El ojo del público es el primer elemento útil. Si uno percibe este examen minucioso como una auténtica y continua petición de que nada sea gratuito, de que nada pueda nacer de la flaqueza, sino, por el contrario, de que todo surja de la continua vigilancia, comprende que el público no tiene una función pasiva. No necesita manifestarse para participar. Lo hace constantemente con su presencia. Dicha presencia debe sentirse como un auténtico desafío, como un imán frente al cual no nos podemos "dejar ir"*» (P. Brook).

Controlar el efecto

Se debe prestar atención no tanto a aquello que se quiere decir como al efecto que causa, porque «el "significado" de un mensaje está determinado por las reacciones que provoca, más que por la intención del emisor mientras lo transmite» (S. Lankton).

Si digo *fisco* y entiendes *fiasco*, la responsabilidad es mía. Es necesario dejar de fijarse en la intención para observar el efecto.

Al interlocutor, por otra parte, le interesa aquello que percibe; por tanto, el orador tiene una responsabilidad en el éxito de la comunicación que el público no tiene.

Los interrogantes del orador

¿Cuál es el objetivo de mi comunicación? Es fundamental definir con claridad el punto de llegada de nuestro discurso. ¿Queremos informar, divertir o convencer?

La identificación del objetivo y el conocimiento del público permiten al orador definir el contenido y el estilo del discurso. ¿Qué creemos que tenemos que decir a nuestro interlocutor que sea importante o necesario para aumentar sus conocimientos y competencias o conseguir un comportamiento nuevo?

La primera consideración útil para el orador es que todos, cuando encontramos a un desconocido, tendemos a «clasificarlo». Cuando el público nos ve por primera vez, intenta etiquetarnos, darnos un *imprinting*.

Así pues, la forma en que nos presentemos resultará decisiva: las personas interpretan las palabras que decimos a través de la impresión que damos. La duración estándar de un mensaje publicitario es de 24 segundos. Es el tiempo que necesita nuestro interlocutor para decidir si le gustamos o no.

Seguridad en uno mismo

¿Cómo esperamos que sea el orador? ¿Cómo debe mostrarse?

El orador debería expresar seguridad en sí mismo, es decir, adoptar «la actitud que, en cualquier situación, defina claramente su propia posición, darla a conocer, defenderla sin agresividad, admitiendo posiciones diferentes por parte de los demás» (E. Schuler).

Un comportamiento, en suma, que refuerza la propia imagen y los contenidos del discurso comunica profesionalidad y convicción, pero, al mismo tiempo, muestra apertura respecto a los interlocutores, empatía y respeto hacia las ideas y posiciones divergentes.

El RECEPTOR, EL PÚBLICO

«*Fue una gran representación. ¡Desgraciadamente, el público no era el adecuado!» (B. McRae).*

Para que una intervención pública sea eficaz debe centrarse en el público. Parece una obviedad, pero veamos qué explica al respecto Jack Welch, presidente durante veinte años de la compañía General Electric, en su biografía *Jack Welch: descubra la sabiduría del líder más admirado*.

«*Había trabajado durante ocho meses, cuando me dirigí a Nueva York, el 8 de diciembre de 1981, para pronunciar mi gran discurso sobre la "nueva General Electric". Había redactado el discurso, lo había reescrito y examinado, y esperaba ardientemente que tuviese un gran impacto. Era, al fin y al cabo, mi primera exposición sobre hacia dónde quería llevar General Electric.*
»Encontrarme por primera vez frente a los analistas de Wall Street como presidente era la cumbre de mi carrera.
»[...] los analistas llegaron aquel día esperando escuchar los resultados financieros y los éxitos alcanzados por la compañía durante el año.
»Esperaban un detallado análisis de las cuentas. Durante un discurso de veinte minutos, les di poco de lo que esperaban y, en cambio, me lancé a una discusión cualitativa sobre mi visión de la compañía.
Había seguido mi camino sin permitir que sus miradas perdidas me desanimasen...».

El criterio de «utilidad»

Lo mismo puede sucedernos si antes de preparar una intervención no hacemos un análisis cuidadoso del público al que nos dirigimos.

La teoría andragógica (se ocupa del aprendizaje durante la edad adulta) considera que el adulto aprende aquello que necesita saber en relación con la fase vital que está atravesando y los diferentes roles que desempeña (trabajador, padre, directivo...). Sería, por tanto, el criterio de «utilidad» el que impulsaría el aprendizaje.

Considero que este criterio puede adaptarse fácilmente al acto de hablar en público. Nuestros oyentes prestarán atención principalmente a lo que piensan que será útil para ellos, y conjugable con su propia experiencia.

Realizar un cuidadoso análisis del grupo al que deberemos hablar constituye el punto de partida necesario para la creación de un producto comunicativo eficaz.

«*Algunos autores [...] fijan con sagacidad sociológica, y con exactitud estadística, su lector tipo: se dirigen, en cada caso, a niños, a melómanos, a médicos, a homosexuales, a amantes del surf, a campesinos pequeñoburgueses, a ingleses amantes de las telas, a pescadores subacuáticos. Como dicen los publicitarios, eligen un* target *(y una diana coopera muy poco, sólo espera ser golpeada). Actúan de manera que cada término, cada expresión, cada referencia enciclopédica sean aquellos que previsiblemente sus lectores pueden comprender*».

Como nos recuerda Umberto Eco en *Lector in fabula*, los publicitarios —así como «algunos autores»— identifican su *target* y sobre él construyen su campaña de comunicación y persuasión. Un orador debería analizar las características del público al que dirigirá su discurso con la misma precisión y cuidado.

Variables que deben considerarse
Son muchas las variables que deben tenerse en cuenta.

Variables de carácter sociodemográfico
¿CUÁL ES LA EDAD DE LOS PARTICIPANTES?
Desde este punto de vista, es interesante la valoración de las diferentes características relacionadas con la edad puestas en evidencia por Aristóteles en el libro II de *Retórica*:

> *«Los jóvenes, en lo que respecta al carácter, se inclinan por desear y hacer aquello que desean. [...] Son inconstantes y volubles en sus deseos, su deseo es intenso pero disminuye rápidamente. [...] La mayor parte de su vida está llena de esperanza, porque la esperanza se refiere al futuro, mientras que el recuerdo se refiere al pasado, y para los jóvenes el futuro es extenso, mientras que el pasado es breve: el primer día de la vida, en efecto, no hay nada que recordar, mientras que se espera todo.*
> *»Los viejos [...] son suspicaces debido a su desconfianza, y son desconfiados a causa de su experiencia. [...] viven más del recuerdo que de la esperanza. [...] pasan el tiempo hablando del pasado porque hallan placer en el recuerdo».*

Aristóteles se centra en estas dos importantes relaciones: jóvenes-futuro, ancianos-pasado. En efecto, una cosa es dirigirse a un grupo en el que la edad media es elevada y el grado de experiencia, por consiguiente, se presupone elevado (experiencia que es necesario comprender y valorar), y otra distinta dirigirse a un grupo de jóvenes recién licenciados ansiosos por introducirse en el mundo del trabajo, pero que carecen todavía de experiencia.

¿CUÁL ES EL NIVEL DE FORMACIÓN?
El nivel cultural del público determinará el registro lingüístico que debe adoptarse: el grado de instrucción y el tipo de estudios. Las preguntas que debemos plantearnos son: ¿Me dirijo a personas que han recibido simplemente la educación obligatoria o debo hablar a profeso-

res universitarios? ¿Se trata de personas que han realizado estudios técnicos o humanísticos?

¿A QUÉ SE DEDICAN?
La profesión que ejercen contribuye a determinar el modo en que nos presentaremos y decide también la valoración que haremos de los mensajes que nos propongan.

¿CUÁL ES EL SEXO?
¿Se trata de un grupo formado exclusivamente por mujeres?, ¿por hombres?, ¿o es un grupo mixto? ¿Cuál es el sexo del orador? Yo, como mujer, hablando a grupos de mujeres, me he dado cuenta de que tiende a crearse una cierta complicidad, por lo cual la referencia a experiencias comunes, vinculadas a un estilo o aproximación a los temas femeninos, resulta claramente eficaz.

En los casos, en cambio, en que he tenido un público completamente masculino he podido constatar el espíritu de equipo típicamente viril, caracterizado por una notable competencia, pero también por solidaridad e intercambio leal. Generalmente, el hombre no teme el conflicto y disputa para reafirmarse.

En los grupos mixtos, en la mayor parte de los casos, mientras que la mujer «trabaja» para salvaguardar la armonía y evitar el conflicto, el hombre tiende a colocarse en una posición dominante.

Además, el análisis relativo al género ofrece indicaciones sobre la elección de materiales de apoyo y se revela especialmente útil en la gestión del debate.

Variables psicográficas

¿Cuáles son los valores y los objetivos? ¿Las creencias y las aspiraciones? ¿La orientación de los comportamientos?

Los valores encarnan nuestra posición en los diferentes acontecimientos vitales, aquello que para nosotros es básico, lo que determina prácticamente todas nuestras elecciones y da sentido a nuestro comportamiento.

Resulta evidente, por tanto, que actuar sobre los valores que animan a nuestro público es extremadamente poderoso en términos comunicativos. Basta con pensar en determinados discursos de políticos que reclaman para su causa valores tradicionales.

Del mismo modo, las aspiraciones, los objetivos que animan a nuestro público son extraordinarias palancas que actúan sobre la motivación, si se utilizan bien durante una intervención pública.

Otras variables

Puede resultar útil plantearse también otras preguntas. ¿Cuál es el nivel de conocimiento de los presentes acerca del tema que afrontaremos? ¿Se trata de expertos en el sector? ¿Son profanos? ¿O bien en el grupo coexisten distintos niveles? La respuesta a estos interrogantes permitirá elegir el estilo del discurso.

• ¿Soy un experto del sector que habla a otros expertos del mismo sector? Mi lenguaje será especializado y técnico. Hablar «la misma lengua» crea inmediatamente un sentido de pertenencia.

• ¿Soy experto en un sector que habla a no expertos? Deberé eliminar cualquier tecnicismo, no dar nada por sabido, adoptar un modo comunicativo con abundantes ejemplos, analogías, muy básico, en suma.

Tomemos como ejemplo lo que puede suceder en un aula de formación dentro del ámbito de la comunicación de la Administración Pública. En las aulas de la Administración Pública se trabaja a menudo la simplificación del lenguaje burocrático, pues se trata de un lenguaje complejo, formado por léxico especializado: por este motivo, el esfuerzo de simplificación tiene el objetivo de hacer comprensible a todos los ciudadanos aquello que se intenta comunicar. Es el mismo esfuerzo que se requiere cuando el público al que debemos dirigirnos no conoce el tema propuesto.

• Resulta algo más complejo tratar un público con diferentes grados de conocimiento sobre el tema. En este caso, al comenzar la intervención es conveniente explicar que, dadas las diferencias entre los participantes, se hará lo posible para situar a cada uno en condiciones de seguir la exposición de manera útil e interesante, aunque necesariamente habrá algunos momentos en que la comprensión dependerá del grado de conocimientos.

Y, además, ¿cuál es el humor, la disposición de ánimo del grupo? ¿Han asistido voluntariamente o se trata de un deber profesional?

En la práctica, tiende a actuarse siguiendo el ejemplo del *marketing*, que crea una segmentación en el interior del mercado: de la orientación sobre el «producto discurso» a la orientación sobre la audiencia.

En este caso, el *marketing* subdivide el mercado según algunos criterios:

GRUPOS DEMOGRÁFICOS
GRUPOS DE EXIGENCIA
GRUPOS DE COMPORTAMIENTO

Con estos criterios se intenta indagar sobre las diferentes características demográficas y psicográficas, y definir los segmentos de población que pueden ser receptores de un determinado tipo de mensaje.

Cuestionario de análisis del público

Recapitulando, para tener la seguridad de elaborar un discurso que sea capaz de dirigirse a las necesidades de la audiencia, antes de situarnos frente al público, deberíamos ser capaces de responder las siguientes preguntas.

- ¿Cuáles son las características de los participantes?
  Edad
  Sexo (si el público es mixto, ¿cuál es la proporción de hombres y mujeres?)
  Ocupación
  Nivel cultural
  Conocimiento del tema tratado y del vocabulario específico
- ¿Cuántas personas participarán en el encuentro?
- ¿Cuál es la razón de la presencia de las personas en este encuentro?
- ¿Cuáles son en este momento las necesidades o problemas de los participantes en relación con el tema que se tratará?
- ¿Cuál es la posición de los participantes frente al tema? Hostil, interesada, favorable, indiferente...
- ¿Cuáles son los sucesos más importantes que se han producido durante el último año en el seno de la empresa y cuáles son los proyectos para el futuro?

Con tal fin podría resultar útil elaborar un cuestionario, que se distribuiría con cierta antelación entre las personas que asistirán a nuestro discurso. En la página siguiente se expone un ejemplo.

El mensaje, aquello que intentamos comunicar

«El discurso es el hombre; si este no está, no está el hombre, y cuando falta el hombre en el escenario, el escenario es un lugar vacío»
(S. Volkonskij).

CUESTIONARIO DE ANÁLISIS DEL PÚBLICO

La compilación de este cuestionario tiene la finalidad de permitir al orador preparar un discurso capaz de satisfacer los intereses de los participantes tanto como sea posible. Le rogamos, por tanto, que responda a las siguientes preguntas y le agradecemos su colaboración.

1. El tema del discurso será...
   ¿Posee algún conocimiento acerca del mismo?
2. ¿Puede ofrecernos indicaciones sobre las características de los participantes?
   a) edad
   b) sexo
   c) número de participantes
   d) ocupación
   e) grado de escolarización
   f) conocimiento del tema y del vocabulario específico
3. ¿Cuál es, en su opinión, la posición de los participantes respecto al tema propuesto?
4. ¿Cuál es su posición personal en relación con el tema propuesto y su nivel de conocimiento del mismo?
5. ¿Podría señalarnos algunos acontecimientos relevantes que hayan caracterizado la vida de su empresa en este último año?
6. ¿Existe alguna información relativa al público o a su empresa que considera que es importante que el orador conozca?
7. ¿De qué manera el tema, según usted, podrá resultar útil a los participantes?
8. ¿Cuáles son sus expectativas personales respecto al encuentro?
9. ¿Existen aspectos del tema en cuestión que merecerían ser tratados?
10. ¿Tiene alguna sugerencia que hacernos, con el objetivo de que la presentación se ajuste de la mejor manera posible a las necesidades del público?

En la novela de James Redfield *La profecía de Celestino* se dice que los encuentros entre los seres humanos se producen porque se nos debe decir alguna cosa, algo que sólo aquella persona nos puede decir, y no otra («cualquier persona con la que conversamos tiene un mensaje para nosotros»). Entonces la primera pregunta que podemos plantearnos es: ¿qué puedo decirle o aportarle a mi interlocutor? Aquello que puedo decir porque lo he experimentado, es fruto de la experiencia, de la reflexión profunda sobre el tema, es valioso porque se trata de una reflexión viva, vital...

El mensaje es el «lugar» en el que nuestros conocimientos y competencias, convicciones y opiniones y los valores que nos inspiran tienen la posibilidad de ser expresados.

El mensaje es aquello que consideramos útil e importante decir para nosotros, e útil e importante escuchar para nuestro público.

La solidez de los contenidos, la selección, en el marco de un tema amplio, de los aspectos más interesantes para la audiencia, la elección de los materiales de apoyo a las ideas y a los conceptos fundamentales, la organización de los contenidos y la elección del estilo resultan decisivos para la producción de un contenido de calidad.

El objetivo

Para construir el mensaje, el orador deberá establecer, en primer lugar, el objetivo, es decir, la finalidad de la intervención.

«Se debe conocer la meta antes que el recorrido», nos recuerda el escritor alemán Jean Paul.

Podemos identificar tres objetivos finales para una intervención pública:

INFORMAR
PERSUADIR
ENTRETENER

Informar. La finalidad de una intervención de carácter informativo es incrementar el conocimiento del público sobre un proyecto, un concepto, un proceso... Para que el objetivo pueda considerarse alcanzado, al finalizar el discurso los presentes deberían saber más sobre el tema o conocerlo mejor.

Persuadir. Significa actuar de manera que nuestro público modifique sus convicciones respecto a algo o cambie su comportamiento. Políticos durante la campaña electoral, vendedores negociando con clientes, abogados empeñados en convencer a un tribunal...: todos ellos persiguen objetivos de carácter persuasivo.

Persuadir también puede significar empujar a alguien a pasar a la acción.

Entretener. Cuando, con nuestras palabras, queremos lograr que el público se relaje o se divierta, la finalidad es entretener. Se trata de un tipo de objetivo menos frecuente si hablamos en público sobre todo por razones profesionales, pero, aunque no sea este el objetivo principal, en muchos casos expresar los contenidos en un registro distendido puede constituir una útil estratagema para llegar mejor a la audiencia y conducirla hacia el objetivo real.

Especificación del objetivo

Una vez identificado el objetivo general, entre uno de los tres citados, es necesario definir el específico de acuerdo con el tema sobre el que se quiere informar, persuadir o entretener al público.

¿Es usted un técnico informático y debe informar a un grupo de vendedores de las características de un nuevo producto? ¿Es el director comercial de una agencia de publicidad y ha de convencer a su equipo para que se esfuerce en alcanzar el objetivo económico fijado para el semestre?

Un objetivo bien especificado ayuda a organizar de manera coherente y clara los contenidos del *speech*. En algunos casos, especialmente en una intervención de carácter informativo, al inicio de la presentación es conveniente comunicar el objetivo específico que se quiere alcanzar: el público desea tener información precisa sobre lo que le espera.

El contexto

Una vez establecida la finalidad de la intervención, para construir un mensaje auténticamente eficaz es necesario efectuar un análisis del contexto, es decir, preguntarse cuál es la ocasión en que debe hablarse.

> «Cada lugar requiere una forma particular de hablar y un estilo apropiado» (Quintiliano).

Contexto es también el lugar físico en que la intervención se realiza, pero, por encima de todo, corresponde a la situación o circunstancia en la que nos encontramos en el momento de hablar.

La definición del contexto tiene gran importancia para decidir el estilo que se aplicará al discurso. El comportamiento, el «signo» comunicativo, adquiere un significado diferente dependiendo del contexto en el que se sitúa. Por este motivo, para una correcta interpretación, debe ser analizado teniendo en cuenta el contexto.

Además, dado que dicha circunstancia ha reunido al público, también esta influirá en sus expectativas.

La definición del objetivo comunicativo y el análisis de la audiencia y del contexto son de vital importancia para estructurar un discurso que sea realmente eficaz.

COMUNICACIÓN: JUEGO DE INFLUENCIAS RECÍPROCAS

¿Cuál es, si existe, la diferencia entre informar y comunicar? Y, más específicamente, ¿qué significa comunicar?
Como siempre, partir de la raíz de la palabra ayuda a comprender mejor el significado y el uso. *Informar*, del latín *informare*, quiere decir «dar forma», mientras que *comunicar* tiene su origen en el término latino *communis*, «común», y significa «poner en común, compartir, entrar en relación con alguien»: el interlocutor, el destinatario del mensaje.

INFORMAR...

Informar, por tanto, da forma a algo, y este algo está constituido por la realidad. Como acto de «dar forma», confiere una estructura a lo real, lo ordena, lo clasifica y, gracias a este trabajo de reordenación, lo simplifica, lo hace más accesible, ayuda a moverse fácilmente en el mundo de la complejidad.

Donde existe circulación de información, los procesos de toma de decisión y operativos son más ágiles y simples. Consideraciones estas que afectan a todos los ámbitos de la realidad, tanto si se trata de la vida en el seno de una empresa como de nuestra actividad como ciudadanos o del ámbito privado.

Si bien, al igual que para comunicar, informar requiere dos o más sujetos, en este caso resulta más evidente la relación entre el sujeto y aquello que le rodea, entre el sujeto y la realidad. La transferencia de datos e informaciones entre emisor y receptor tiene la finalidad de hacer más simple la acción del receptor en su mundo, en un mundo «iluminado» por la información.

... Y COMUNICAR

El significado de comunicar se encierra, en cambio, en el término *común* —o, como sugiere el diccionario, «perteneciente a una comunidad de personas»—, palabra que nos conduce inmediatamente a aquello que fundamenta la comunicación: la relación entre individuos. En la comunicación no pesa tanto la relación con la realidad como la que existe entre emisor y receptor con respecto a ella.

También la comunicación pivota en torno a un objeto que, como en la información, es el mundo, pero no para darle forma, sino sentido.

«Básicamente, los individuos que comunican ponen en común una determinada visión del mundo; a través de la comunicación el mundo adquiere significado, tantos significados como comunicaciones sean posibles» (G. Arena).

Dado que la comunicación se ocupa de significados y no de datos, como sucede en cambio en la información, resulta evidente que la posibilidad de incidir sobre dimensiones no racionales, de activar la emotividad, de irrumpir en el reino de lo subjetivo está implícita en el proceso comunicativo.

Si quisiéramos representar gráficamente ambos conceptos, podríamos asociar la palabra *informar* a una línea recta unidireccional, como aparece a continuación:

y la palabra *comunicar*, además de a la línea de ida, también a una de retorno:

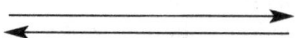

o bien a un círculo (el *loop* comunicativo):

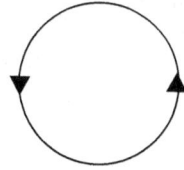

Resumiendo, podemos definir el proceso de informar como un recorrido de una vía, mientras que comunicar siempre implica dos vías, una de ida y otra de vuelta.

Proceso de doble dirección que, en la relación directa emisor-receptor (si se trata de una relación entre dos o del intercambio comunicativo entre el orador y los presentes en la sala), siempre puede valorarse mediante la escucha y la observación directa.

Son precisamente estos dos actos, la escucha y la observación, los que permiten comprobar si la comunicación funciona o no, si se ha adoptado un acercamiento comunicativo adecuado o si es necesario «corregir el tiro».

La interacción circular

«Los sistemas interpersonales pueden ser considerados sistemas de realimentación, porque el comportamiento de cada persona influye y es influenciado por el comportamiento de cada una de las demás».

Con estas palabras Paul Watzlawick, investigador del Mental Research Institute de Palo Alto en California, nos sitúa en el meollo de lo que significa comunicar: un juego de influencias recíprocas.

El orador influencia a su público y es influenciado por este. El modo en que nos presentamos y en que mostramos nuestros argumentos provoca, produce una respuesta en el público. De manera similar, el comportamiento manifestado por el público frente a nosotros y nuestras palabras suscitará una reacción por nuestra parte.

La comunicación es una creación que se realiza entre dos: nosotros y el público. Pero ¿cómo podemos saber si funciona o no? De manera empírica. Mediante el ensayo y error. A través de la observación de nuestra audiencia y de su manera atenta, continua y concentrada de escuchar.

¿Cuál es la respuesta del público, verbal o no verbal, a nuestras palabras? ¿Nos está siguiendo o está bostezando? ¿Se mantiene atento, se siente atraído por nuestras palabras o bien parece distraído, ausente, en las nubes?

Sólo esta atención constante nos ayuda a valorar el resultado de nuestra intervención y nos permitirá, si es necesario, «cambiar de rumbo».

No consideraremos a ese grupo de oradores que se aferran a su presentación en *Power-point* y parecen olvidarse de que están allí para hablar a las personas. He visto a muchos a lo largo de los años y considero que no hay nada más aburrido que una intervención de este tipo. David Bernstein escribe:

«La comunicación es: quién dice, qué, a quién, a través de qué canal y con qué efectos. Es una actividad compleja, dinámica y continua, donde se producen muchos viajes de ida y vuelta. [...] la comunicación es dinámica, cambia el conocimiento de los participantes e influye en las relaciones entre ellos».

Este proceso dinámico y complejo prevé algunos presupuestos, a partir de los cuales es posible llevar a cabo elecciones comunicativas eficaces.

Veámoslos.

No se puede no comunicar

«Si se acepta que el comportamiento en su conjunto en una situación de interacción tiene valor de mensaje, es decir, es comunicación, se deduce que, aunque nos esforcemos, no podemos no comunicar».

Frente a esta afirmación de Watzlawick, dan ganas de jugar un poco con el conocido *cogito ergo sum* cartesiano y convertirlo en «comunico luego existo» o, invirtiendo los términos de la expresión, «existo luego comunico».

Cualquier cosa que hagamos, o no hagamos, si es percibida por otro, resulta comunicativa: es comunicar.

Tanto si hablo como si callo, tanto si me muevo como si estoy quieto, envío un mensaje a mi público; conviene recordarlo.

Es necesario desarrollar una gran conciencia y prestar atención continuamente para que nuestra comunicación se mantenga en sintonía con nuestra intención comunicativa, para que no se produzca una fuga de información que consideramos no idónea en la situación comunicativa que afrontamos.

El mapa no es el territorio: realidad y representación

«El mapa no es el territorio»: esta expresión del semiólogo Alfred Korzybski (en realidad, la frase entera es: «El mapa no es el territorio; el mapa no cubre todo el territorio; el mapa es autorreferencial») ha alcanzado una notable difusión en el ámbito de la comunicación.

Las posibles consideraciones que cada uno de nosotros da a una interpretación necesariamente subjetiva de la realidad nos ayuda a explicar las dificultades que a menudo podemos llegar a encontrarnos en nuestras relaciones sociales. Dificultad para comprender al otro debido a interpretaciones del mundo y comportamientos que nos resultan incomprensibles, si los filtramos a través de nuestro modo de analizar y actuar.

Al respecto, son emblemáticas las pocas líneas que siguen, extraídas de *Anna Karenina*, la célebre novela de Leon Tolstói. Dos de los personajes principales están casándose y, mientras el sacerdote pronuncia las palabras «Dios eterno, que has reunido a quienes estaban separados, que has establecido entre ellos una alianza de amor indestructible, que has bendecido a Isaac y Rebeca, que has mostrado a sus descendientes Tu promesa; bendice también a estos tus siervos, Konstantin y Ekaterina, conduciéndolos por el buen camino...», Lévin (el esposo) piensa: «Que has reunido a quienes estaban separados y has establecido entre ellos una alianza de amor. ¡Qué profundas son estas palabras y cómo corresponden a lo que se siente en este momento! ¿Siente ella lo mismo que yo?».

Y sigue el autor:

«Y, girándose, encontró la mirada de ella. Y de la expresión de esta mirada concluyó que ella sentía lo mismo que él. Pero no era cierto. No comprendía las palabras del servicio divino y no escuchaba siquiera...».

Me parece que estas últimas líneas describen muy bien la imposibilidad de superponer la realidad y la representación, así como las interpretaciones erróneas que a menudo derivan de este hecho.

«"El mundo es una representación mía": he aquí una verdad válida para cualquier ser viviente y pensante» (A. Schopenhauer).

Todos nosotros interpretamos las palabras y los comportamientos de los demás a través de un mapa de referencia construido sobre un entramado de experiencias, creencias, valores, referencias culturales, que, aun teniendo puntos de contacto con el mapa de referencia del interlocutor, sólo puede ser subjetivo. Dichas interpretaciones, como nuestra experiencia cotidiana nos confirma, producen continuamente distorsiones comunicativas.

«Día tras día, hora tras hora, creamos malentendidos porque sobrepasamos límites bien definidos; oscurecemos el sentido del tú allí y yo aquí; mezclamos de diversos modos, con frecuencia de manera muy superficial, lo subjetivo y lo objetivo. Hacemos de los otros una simple extensión de nosotros mismos, atribuyéndoles nuestros pensamientos y nuestros comportamientos o valorando a la ligera su naturaleza, después de responderles como si fuesen realmente personajes que hemos inventado. O bien les obligamos a asumir un papel de doble de algún actor de nuestra anterior representación» (Hiram Haydn).

Dichas consideraciones refuerzan posteriormente el presupuesto de que, para obtener resultados satisfactorios, un orador debe explicar su propia interpretación del mundo teniendo en cuenta la diversidad de interpretaciones que realizará el público.

Conocer al público, lo que espera, sus valores, el ambiente cultural y profesional del que procede, tiene precisamente la función de permitir al orador estructurar una intervención que tenga presente tanto como sea posible las «representaciones» del público. Porque esto permite el encuentro, la comprensión recíproca, y, como escribe Luft, «[...] cuando nosotros y los demás comprendemos y nos sentimos comprendidos simultáneamente, en aquel momento el mundo es nuestro hogar».

Relación y contenido

> «Toda comunicación tiene un aspecto de contenido y otro de relación, de manera que el segundo clasifica al primero y es, por tanto, metacomunicación» (P. Watzlawick).

El contenido es la información transmitida, la relación es aquello que define a dicha información. La relación es información sobre la información: metacomunicación, por tanto.

Una cosa es decir: «La voz es un instrumento que debe utilizarse con delicadeza», y otra: «Sigue hablando así y dentro de una hora estarás completamente afónico». La información vehiculada es la misma, la relación expresada no.

A veces basta con cambiar el tono de la voz para transmitir un metamensaje diferente. O decir lo mismo en diferentes contextos.

> «Debe saber que todos tenemos tres cuerdas de reloj en la cabeza. La seria, la civil y la loca. Sobre todo, debiendo vivir en sociedad, utilizamos la civil; por eso está aquí en medio de la frente. —Nos comeríamos, señora mía, uno al otro, como perros rabiosos. —No se puede. —Me comería —por ejemplo— al señor Fifí. —No se puede. ¿Y qué hago entonces? Doy cuerda a la civil, y voy a su encuentro con cara sonriente, extendiendo la mano: "¡Oh, cuánto me alegra verle, querido señor Fifí!". ¿Comprende, señora? Pero puede llegar el momento en que las aguas se enturbien. Y entonces... entonces, en primer lugar, doy cuerda a la seria, para aclarar, poner las cosas en su sitio, dar mis razones, decir, sin miramientos, lo que debo. ¡Y si no lo logro, desato, señora, la cuerda loca, pierdo el mundo de vista y ya no sé lo que hago!
> »[...] ¡Usted, señora, en este momento, perdóneme, debe haber girado sobre sí misma —porque le interesa (no quiero saberlo)— la cuerda seria o la cuerda loca, que le zumba dentro como cientos de abejorros! En cambio, querría hablar conmigo con la cuerda civil. ¿Qué ocurre? Ocurre que las palabras que salen de su boca son de la cuerda civil, pero están fuera de lugar. ¿Me explico?».

Este monólogo de Ciampa, de *El gorro de cascabeles*, de Luigi Pirandello, pone en evidencia el conflicto que puede existir entre contenido y relación en el ámbito comunicativo. Queremos decir algo y nos sale otra cosa. Basta con pensar en las veces en que estamos molestos por algún motivo y no queremos admitirlo. Mientras decimos: «No me pasa nada» o «No ha sucedido nada», el tono de nuestra voz, nuestra mirada o los gestos de nuestro cuerpo dicen lo contrario.

La transacción ulterior de Berne

Eric Berne, padre del modelo psicológico que lleva el nombre de *análisis transaccional*, propone algo muy similar al hablar de la transacción ulterior, que define como el modo de comunicación en el que se envían al mismo tiempo dos mensajes: uno manifiesto y otro oculto. Aparecen en este caso un nivel social de comunicación, que está representado por el mensaje manifiesto, y uno psicológico, es decir, el mensaje oculto.

Imaginemos que un marido pregunta a su mujer dónde están sus camisas y ella responde que las ha colocado en el cajón. Parece un intercambio normal de información entre dos personas adultas, pero si el tono de él fuese duro y acusatorio y el de ella lastimero, podría leerse algo más tras esa pregunta y esa respuesta. Quizás el marido está recriminando indirectamente a la mujer por el desorden con el que esta trata sus cosas y ella se está lamentando por las continuas críticas de él.

Las palabras (contenido) indican una cosa y el tono con el que se dicen (relación), otra distinta.

El orador deberá prestar mucha atención, si quiere resultar coherente, y, en consecuencia, creíble en el ejercicio de su comunicación, para lograr que ambos planos coincidan. En caso contrario, se arriesga a que sus palabras «estén fuera de lugar». Naturalmente, la interpretación y los resultados son diferentes si se trata de un juego manifiesto y compartido con el público, como sucede en los discursos de tono irónico.

«Con el tono adecuado, todo se puede decir. Con el tono equivocado, nada: la única diferencia consiste en encontrar el tono» (George Bernard Shaw).

La ventana de Johari

Este modelo, fruto de la investigación de los psicólogos Joseph Luft y Harry Ingham y aplicable a cualquier interacción humana, pretende explicar a «la persona en su totalidad en relación con los demás». En especial, los cuatro cuadrantes que componen el modelo valoran «los comportamientos, los sentimientos y las motivaciones» de la persona en relación con el interlocutor o los interlocutores.

A través de los diferentes cruces entre aquello que conocemos o no conocemos de nosotros mismos y lo que conoce o no conoce sobre nosotros el interlocutor, se definen algunas áreas de relación con características diferentes.

El *cuadrante I* es el área abierta, aquello que es compartido y conocido por ambos interlocutores. Está formado por aquello que, intencionada y conscientemente, revelo a mi interlocutor, el lugar de la comunicación querida y realizada.

«El cuadrante abierto, el área de la actividad libre, es una ventana abierta al mundo, incluido el propio yo. El comportamiento, los sentimientos y las motivaciones conocidas por uno mismo y los demás constituyen la base para la interacción y el intercambio. [...] La apertura hacia el mundo implica una fase de continuo desarrollo y crecimiento», dice Luft.

Para que una relación sea rica, es necesario que los interlocutores estén dispuestos a compartir información sobre sí mismos.

El *cuadrante II* incluye informaciones que nos afectan, pero que desconocemos, y que, en cambio, nuestro interlocutor conoce. Dado que considero que para el ejercicio del arte oratorio pueden resultar útiles algunas reflexiones sobre esta área, dedicaré el siguiente apartado a profundizar sobre el tema.

El *cuadrante III* es el área oculta.

«Aquello que es conocido por el individuo e ignorado por los demás es el campo de lo privado. Aquí impera la discreción. El tercer cuadrante es un almacén para todo aquello que sabemos, incluido aquello que sabemos de nosotros mismos y de los demás, pero preferimos no divulgar. [...] El problema clave es la corrección en la revelación de uno mismo» (Luft).

Si es cierto que un intercambio rico y, por tanto, la decisión de transferir material desde el área oculta hasta la abierta son necesarios para una relación provechosa, también lo es que revelar cosas de uno mismo que el otro no está dispuesto a aceptar, o que no son adecuadas al momento y la situación, puede producir resultados negativos en términos de relación. Una correcta revelación de uno mismo es fruto de la atención prestada a uno mismo, al otro y a la situación: requiere análisis y sensibilidad.

El *cuadrante IV* se puede definir también como el territorio del inconsciente. Existe un área extensa de la que ni el individuo ni el interlocutor tienen conocimiento.

«El cuarto cuadrante contiene todos los recursos no aprovechados de la persona. [...] en C4 se encuentran también los rastros de las experiencias vividas. [...] sabemos mucho más de lo que conscientemente conocemos» (Luft).

Lo que sabemos de nosotros mismos es sólo una parte infinitesimal de lo que constituye nuestro ser, que comprende también nuestro inconsciente. Al respecto, Bobbio afirmaba que aquello que llamamos conciencia es algo similar a la poca agua que se observa en un pozo sin fondo. Esto significa que, más allá de los límites de lo que recordamos, existen percepciones y acciones que nos resultan desconocidas e incognoscibles, porque ahora ya no forman parte de nosotros, sino que pertenecen a un nosotros que existió en otro tiempo y otro lugar y que ahora ha desaparecido.

«En el fondo, el conocimiento que tengo de mí mismo es oscuro, interior, inexpresable, secreto como una complicidad» (M. Yourcenar, Memorias de Adriano).

Consciente, preconsciente, inconsciente

Al respecto, Freud sostiene que el área consciente, es decir, la de la conciencia, aquella que coincide con nuestra actividad diurna y de la que tenemos conocimiento, es muy reducida respecto al área que nos resulta desconocida, la que identifica con el preconsciente y el inconsciente. El preconsciente representa el conjunto de materiales psíquicos (deseos, recuerdos...) que, aun siendo inconscientes, pueden hacerse fácilmente conscientes. El inconsciente, en cambio, se refiere a los factores psíquicos que se mantienen desconocidos mediante la represión (mecanismo a través del cual se mantienen fuera del ámbito de la conciencia experimentos y pensamientos), y que sólo a través de un trabajo específico y con gran esfuerzo pueden aflorar hasta la conciencia.

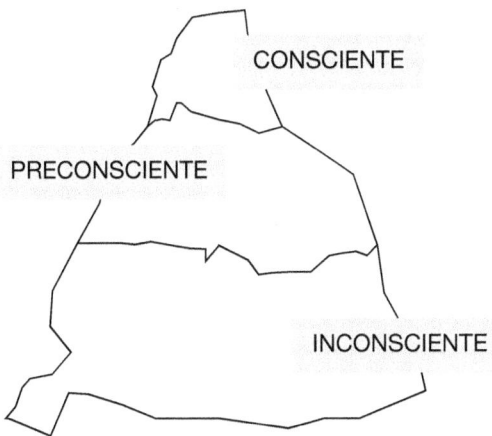

Este concepto puede explicarse con la metáfora del iceberg: es una característica del iceberg que la parte emergida sea mucho menor que la que se halla bajo el agua; del mismo modo, el área desconocida del hombre es mucho mayor que aquella de la que es consciente.

«Hemos aprendido a considerar la conciencia como verbal, explícita, articulada, racional, lógica, estructurada, aristotélica, realista y sensible. Comparándola con la profundidad del ser humano,

> *los psicólogos aprendemos a respetar también lo inarticulado, lo preverbal y lo subverbal, lo tácito, lo inefable, lo mítico, lo arcaico, lo simbólico, lo poético y lo estético. Sin todo esto, nada de lo que diga una persona puede ser completo»* (Abraham H. Maslow).

La cámara oculta

> «*El otro posee un secreto: el secreto de lo que soy*» (Jean Paul Sartre).

En nuestra interacción con los demás existe un área, una zona gris, donde algunos comportamientos y motivaciones son ignorados por el propio individuo pero conocidos por los demás. Es lo que nos dice el segundo cuadrante de la ventana de Johari.

Se trata de un área que despierta una sensación de peligro. Y, precisamente, subraya Luft: «Las áreas ciegas aumentan el riesgo de vivir con nosotros mismos y con los demás [...] Los demás tienen capacidad para obligar al individuo a conocer cosas que no está preparado para percibir».

Esta área es muy interesante para el orador. Hay algo de nosotros que se nos escapa y que puede percibir nuestro público.

En ciertos aspectos, el público tiene una visión de nosotros superior a la que nosotros mismos podemos llegar a tener. No poseemos un órgano de la vista, una «cámara oculta», que nos permita vernos a nosotros mismos en acción, en nuestra interacción con los demás, frente a nuestro público.

> «*No se puede tener una perfección visual completa del propio cuerpo (al menos no directamente), porque los ojos, en tanto que órganos de la percepción, forman parte de la totalidad a percibir o, como le diría un maestro de zen, "la vida es una espada que hiere, pero no puede herirse a sí misma; así como el ojo ve, pero no puede verse a sí mismo"*», escribe al respecto Watzlawick.

Esto explica la razón de que a menudo, durante los cursos de *public speaking*, en los que utilizo la videocámara (para restituir una cierta conciencia de uno mismo, para enmendar este espacio desconocido, para extraer —mediante este ojo tecnológico, este «catalejo puesto del revés», como diría Pirandello— algo del área ciega hacia el área abierta), las personas se sorprenden de algunos de sus comportamientos, de su propia imagen vista desde fuera.

Es más o menos lo que sucede a veces cuando miramos fotografías: mientras que para los demás somos reconocibles de inmediato y nos identifican en una expresión, una postura, un modo de sonreír, a nosotros nos cuesta vernos en ese «nosotros» externo, diferente de la imagen interna que nos hemos creado.

«La imagen del cuerpo es la que cada uno se hace de sí mismo, o más exactamente el concepto integrado que cada uno hace de sí mismo en cuanto esquema corporal. Una imagen que a menudo es diferente de otra perfectamente objetiva y real» (W. Passerini y A. Tomatis).

Somos y no somos; se abre paso así el tema del doble que es motivo de reflexión en las ciencias humanas. Yo y otro yo —fuera de mí y, al mismo tiempo, «dentro»— con quien pasar cuentas.

Me sorprende siempre el modo extraordinario en que Pirandello, en la novela *Uno, ninguno y cien mil*, desvela y escenifica el drama del hombre, a través de Vitangelo Moscarda, el protagonista, que se descubre a sí mismo como otro en la mirada de un tercero:

«No podía, viviendo, representarme a mí mismo en los actos de mi vida; verme como los demás me veían; colocarme frente a mi cuerpo y verlo vivir como el de otro. Cuando me situaba frente a un espejo me paralizaba; toda espontaneidad terminaba, cualquiera de mis gestos me parecía ficticio o forzado. No podía verme vivir».

Naturalmente esta observación que sobre nosotros efectúa el otro no se limita sólo al aspecto corporal, sino que recoge la imagen global que se manifiesta externamente y, por tanto, incluye el conjunto de nuestros comportamientos.

A propósito de este modo diferente de interpretar un mismo comportamiento escribe Laing (1966):

«Actúo de un modo que para mí es cauto *mientras que, según tú, es* vil. *Tú actúas de una manera que para ti es* valiente, *pero que a mí me parece* desconsiderada. *Ella se considera* alegre *mientras que para él es* superficial. *Él se ve* amistoso *mientras que para ella es* seductor. *Ella se ve* reservada *mientras que para él es* orgullosa y distante. *Él se ve* cortés *mientras que para ella es* falso. *Ella se ve* femenina *mientras que para él es* desvalida y dependiente. *Él se ve* viril *mientras que para ella es* autoritario y dominante».*

LA IMPORTANCIA DEL *FEEDBACK*

El *feedback* «retroacción» es el «lugar» en el que el ser humano tiene la posibilidad de ser reconocido como existente y, al mismo tiempo, medir el impacto que causa en el mundo del otro.

Luft escribe:

«Debido a las infinitas posibilidades y a las dudas sin límite que implica la percepción interpersonal, el acto de confirmación interpersonal tiene una especial importancia. Confirmarse uno a otro significa certificar como válido aquello que percibimos recíprocamente. Significa conceder algún grado de certidumbre a aquello que anteriormente se consideraba dudoso. Es uno de los modos más importantes que existe para reducir la angustia».

El segundo cuadrante de la ventana de Johari nos hace reflexionar sobre esta área para nosotros ciega y, en cambio, clara y manifiesta para los demás. Existe algo de nosotros que ignoramos y que el otro conoce. Algo de mí que yo no conozco, pero tú sí. Y que tú puedes mostrarme, dármelo a conocer.

Por este motivo, el *feedback* debe entenderse como el retorno hacia nosotros del comportamiento que hemos generado y «el retorno de la experiencia realizada al individuo mismo [...] es la condición esencial, en el seno del proceso social, para el desarrollo de la mente» (Buckley).

La necesidad de la mirada ajena

No sabría decir cuándo entró en mi vida el profesor P.: siempre ha estado presente. Es pintor, amigo de mis padres desde hace muchos años y visitante asiduo de casa. Una vez mi madre le pidió que me hiciese un retrato y le dio una foto mía. El tiempo pasó, casi había olvidado esta petición, cuando encontré al profesor P. en una calle de la ciudad y me dijo que tenía que enseñarme algo. Lo seguí hasta su estudio. Allí estaba mi retrato; era sorprendente, dotado de una fuerza misteriosa, portador de un secreto. Me saltaron las lágrimas. El profesor P. había logrado revelarme algo de mí que no conocía, pero que reconocí al mirar la tela. No volví a ver aquel cuadro. El profesor me dijo que quería efectuar algunos retoques y ya no lo vi más. Sin embargo, todavía lo veo. Aquella mirada sobre mí había sido reveladora. Y lo es todavía.

Todos necesitamos un «retrato», una mirada sobre nosotros, una mirada que nos confirme y desvele al mismo tiempo. El *feedback* es, por este motivo, una necesidad primaria, estructural para el ser humano. «Por otra parte, la necesidad de reconocimiento es inseparable de la necesidad subjetiva de autoafirmación. Si es menospreciado, el individuo se siente herido, infravalorado, dolido. Rousseau destacó la necesidad de la mirada ajena para existir humanamente. Hegel subrayó la necesidad humana de reconocimiento... La necesidad del otro es fundamental» (E. Morin).

FEEDBACK CONSCIENTE E INCONSCIENTE

Más específicamente, ¿de qué modo se expresa el *feedback* hablando en público? En lo referente al área ciega, adopta dos aspectos. Por una parte, el *feedback* es aquello que, conscientemente, por propia voluntad, el otro dice de nosotros. El compañero que al finalizar la intervención nos hace algún elogio, por ejemplo. Naturalmente, puede corresponder también a un *feedback* solicitado por nosotros mismos.

Existe, además, un *feedback* que el otro nos ofrece de manera inconsciente, a través de su lenguaje corporal, mediante la transmisión de informaciones no verbales (¡el área ciega del otro!). Es muy útil en el caso de una conferencia, porque nos permite ajustar sobre la marcha nuestro discurso.

Podemos confiar en el *feedback*, por cuanto es difícil mantener bajo control el lenguaje corporal. Sólo los grandes expertos en el fingimiento, como los actores, los políticos o los vendedores, logran un control real del lenguaje no verbal, habilidad que requiere un prolongado y cuidadoso ejercicio.

CONFIRMACIÓN, RECHAZO, DESCONFIRMACIÓN

«Una sociedad puede llamarse humana en la medida en que sus miembros se confirman recíprocamente» (Buber).

Según Watzlawick, existen tres modos de dar y recibir *feedback*: confirmación, rechazo y desconfirmación. Mientras que los dos primeros se consideran correctos, la tercera está potencialmente cargada de aspectos negativos. Analicemos mejor las tres modalidades con algunos ejemplos.

Rechazo. El niño ha encontrado una lombriz en el prado y, cogiéndola entre los dedos, la lleva a su madre para mostrarle su descubrimiento: «¡Mamá, mamá, mira qué he encontrado!». Y la madre grita: «¿Qué es eso tan asqueroso? Déjalo inmediatamente donde lo has cogido».

El *feedback* de rechazo debe considerarse un *feedback* de equilibrio, que tiene la función de modificar el comportamiento, de rectificar las acciones del otro.

Lo es la crítica de un compañero sobre la extensión del discurso, pero también los bostezos del público, la falta de silencio... Puede no gustarnos, pero ofrece una buena oportunidad para cambiar.

Confirmación. El mismo niño, cuya madre esta vez es bióloga, le dice: «¡Mamá, mamá, mira qué he encontrado!». La madre: «¡Oh, tesoro, qué bien, has encontrado un anélido! ¿Sabes qué haremos? Cogeremos un poco de tierra y así crearemos un entorno adecuado para él y podremos tenerlo con nosotros».

El *feedback* de confirmación, llamado también *feedback de refuerzo*, es aquel que promueve, sostiene y anima nuestro comportamiento. Los signos de aprobación, las miradas atentas, los aplausos espontáneos...

Desconfirmación. El niño muestra la lombriz a la madre, que le dice: «No te has lavado las manos todavía y es la hora de comer».

Desconfirmar es no recoger la comunicación del otro, ignorarla. Es decirle: para mí no existes.

EL ORADOR «OBSESIONADO POR EL PÚBLICO»

El análisis transaccional nos dice que todos nosotros tenemos una necesidad estructural de ser reconocidos por los otros, tenemos hambre de reconocimiento, hambre de «caricias» (en inglés, *stroke*). ¿Cómo pensamos «reconocer» a nuestro público, «acariciarlo»? ¿Cómo pensamos hacer que se sienta importante?

En el texto *Management dell'ascolto* se señala la necesidad de las empresas de colocar en el centro de sus estrategias la atención al cliente, expresada en los términos *obsesión por el cliente*.

Modificando esta definición y trasladándola a las relaciones orador-público, la conclusión a la que podemos llegar es que el buen orador debería estar «obsesionado por el público», es decir, guiado intensamente por las necesidades de su público y, en consecuencia, abierto y sensible, a todos los niveles, a los mensajes que el público le envía.

«Un buen cantante es aquel que sabe influir sobre los demás, que le escuchan, y sobre la sala en la que canta. Se instaura de este modo una relación entre el cantante y la sala, y entre la sala y el cantante, como sucede en muchos conciertos musicales. Las mismas reglas que sirven a un buen cantante valen también para un orador de calidad» (W. Passerini y A. Tomatis).

De este modo, podemos considerar comportamientos «inteligentes», y, por tanto, apropiados a la situación, aquellos en los que el *feedback* y la variedad de las relaciones con el auditorio producen resultados positivos y deseados.

A la vista de estas reflexiones releeremos un instructivo cuento de Andersen, lleno de metáforas sobre los modos de relación entre los hombres.

EL VESTIDO NUEVO DEL EMPERADOR

Hace muchos años había un emperador al que le gustaba tanto poseer ropas nuevas y hermosas que gastaba todo su dinero para vestirse con la máxima elegancia. No se ocupaba de sus soldados, tampoco de ir al teatro, ni de pasear por el bosque, sino sólo de alardear de sus nuevos ropajes; tenía un vestido para cada hora del día, y mientras que de un rey se suele decir: «¡Está en el Consejo!», de él se decía siempre: «¡Está en el vestidor!».

En la gran ciudad donde vivía nos divertíamos mucho; cada día llegaban extranjeros, y una vez llegaron dos impostores; se hicieron pasar por tejedores y dijeron que eran capaces de elaborar la más extraordinaria tela que pudiera imaginarse. No sólo los dibujos y colores eran de singular belleza, sino que los vestidos que hacían con ella tenían el extraño poder de hacerse invisibles a los hombres que no estaban a la altura de su cargo o que eran irremediablemente estúpidos.

«¡Sin duda serán vestidos maravillosos! —pensó el emperador;— llevándolos, podré descubrir qué hombres de mi reino son dignos del cargo que tienen; podré distinguir a los inteligentes de los estúpidos. ¡Ah, sí!, ¡tienen que prepararme enseguida esta tela!». Y entregó una gran cantidad de dinero a los dos impostores para que comenzasen a trabajar.

Montaron dos telares e hicieron ver que trabajaban, pero no había nada en el telar. Pidieron sin miramientos la seda más bella y el oro más brillante, los metieron en su bolsa y trabajaron con el telar vacío sin parar hasta bien entrada la noche.

«¡Me gustaría saber en qué punto se encuentra la confección!», pensó el emperador, pero en realidad se sentía un poco intranquilo creyendo que una persona estúpida o no digna del cargo que ocupaba no podría ver aquella tela; naturalmente no pensaba que debiera temer por sí mismo, y prefirió mandar a otro, antes, a ver cómo iba la tarea.

Todos los habitantes de la ciudad conocían el extraordinario poder de la tela, y todos deseaban saber el grado de indignidad o estupidez de su vecino.

«¡Enviaré a los tejedores a mi viejo y buen ministro! —pensó el emperador—, ¡podrá ver mejor que los demás el aspecto de la tela, porque es inteligente y no hay otro como él a la altura de su cargo!».

De este modo el buen ministro se dirigió a la sala en la que los dos tejedores trabajaban sobre los telares vacíos: «¡Dios mío! —pensó el viejo ministro abriendo los ojos—, ¡no veo nada!», pero no lo dijo en voz alta.

Los dos tejedores le rogaron que se aproximase, por favor, le preguntaron si el dibujo y los colores le parecían hermosos, mientras señalaban el telar vacío; el pobre ministro continuó con los ojos abiertos de asombro, pero no lograba ver nada porque no había nada. «¡Pobre de mí! —pensó—, ¿seré estúpido? No lo habría dicho nunca, pero ¡ahora nadie debe saberlo! ¿No estoy capacitado para este cargo? ¡No, no puedo explicar que soy incapaz de ver la tela!».

—Y bien, ¿no dice nada? —preguntó uno de los tejedores.

—¡Oh! ¡Maravilloso, bellísimo! —dijo el viejo ministro, mirando fijamente a través de sus gafas—, ¡estos dibujos y estos colores! ¡Sí, sí! ¡Diré al emperador que me ha parecido una tela extraordinaria!

—¡Ah! ¡Estamos muy contentos! —dijeron los tejedores y pasaron a enumerar los colores y a explicar la rareza del diseño. El viejo ministro estuvo muy atento a la explicación para repetirla cuando viese al emperador; y así lo hizo.

Entonces los dos impostores pidieron más dinero, y más seda y oro; el oro era necesario para la tela. Se lo guardaron todo en la bolsa, al telar no llegó ni siquiera un hilo, y continuaron, como antes, tejiendo en el telar vacío.

Pasado un tiempo, el emperador envió a otro valioso funcionario a ver cómo seguía el trabajo y a saber si habían finalizado la tela. Le sucedió igual que al ministro; miró, miró, pero, como no había nada aparte del telar vacío, no podía ver nada.

—¿No es acaso una bella tela? —dijeron los dos impostores, mientras le mostraban y le explicaban el hermoso diseño que no existía.

«¡Estúpido no soy! —pensó el hombre—. ¿Significará entonces que no soy digno de mi alto cargo? ¡Sería muy extraño! ¡Pero no es necesario hacer que se sepa!». Y de este modo empezó a elogiar el tejido que no veía, y habló del placer que le producían aquellos hermosos colores y aquellos graciosos dibujos.

—¡Sí, es la tela más hermosa del mundo! —dijo al emperador.

Todos los ciudadanos hablaban de aquella magnífica tela. Entonces el emperador quiso ir a verla en persona mientras todavía estaba en el telar. Con un grupo de hombres seleccionados, entre los que se encontraban los dos funcionarios que ya la habían visto, fue al encuentro de los dos astutos timadores, que estaban tejiendo con grandes gestos, pero sin un hilo.

—¡Eh!, ¿no es *magnifique*? —dijeron ambos funcionarios—. ¡Mire, majestad, qué dibujos, qué colores! —mientras señalaban el telar vacío, porque estaban seguros de que los demás veían la tela.

«¿Qué me sucede? —pensó el emperador—, ¡no veo nada! ¡Esto es terrible! ¿Soy estúpido? ¿O no soy digno de ser emperador? ¡Es la cosa más horrorosa que me podía suceder!».

—¡Oh, bellísimo! —dijo—. ¡Os concedo mi total aprobación! —asintió satisfecho, mientras contemplaba el telar vacío; no podía decir que no veía nada. Todos aquellos que lo acompañaban miraban, miraban, pero, por más que mirasen, el resultado era el mismo; entonces dijeron, como el emperador:

—¡Oh, bellísimo! —y le sugirieron que mandara hacer con aquella maravillosa tela un vestido nuevo que podría estrenar en el inminente desfile que debía tener lugar.

—¡*Magnifique*, preciosa, *excellent*! —se decían uno a otro, y todos estaban muy felices diciendo cosas como estas.

El emperador concedió a ambos impostores la Cruz de Caballero para poner en el ojal y el título de Nobles Tejedores.

Durante toda la noche previa a la tarde en que debía tener lugar el desfile los estafadores estuvieron trabajando con más de 16 velas encendidas; todos podían ver cuánto hacían para finalizar los nuevos atuendos del emperador. Sacaron la tela del telar, con grandes tijeras cortaron el aire, cosieron con agujas sin hilo y dijeron finalmente:

—¡Bien, las ropas están listas!

Llegó, entonces, el emperador en persona, con sus más ilustres caballeros, y los dos timadores mantenían los brazos en alto como sosteniendo alguna cosa y decían:

—¡He aquí los calzones, el jubón y el manto! —y así continuaron—. ¡Es una tela ligera como la de araña! Casi podría parecer que no se lleva nada encima, ¡es esta su mayor virtud!

—¡Sí! —dijeron todos los caballeros, pero no veían nada, porque nada había.

—Y ahora, ¿quiere Su Majestad Imperial concedernos desvestirse? —dijeron los dos timadores—, ¡así podremos colocarle los nuevos vestidos aquí mismo frente al espejo!

El emperador se desnudó y los dos embaucadores fingieron colocarle, pieza a pieza, los nuevos vestidos, que, según ellos, acababan de ajustar;

lo cogían por la cintura como para ceñirle algo, era la cola; y el emperador giraba y giraba frente al espejo.
—¡Dios mío, qué bien le va! ¡Qué vestido más adecuado a su persona! —decían todos. —¡Qué diseño!, ¡qué colores! ¡Es un vestido precioso!
—¡Acaban de llegar los portadores del baldaquino que cubrirá a su majestad durante el desfile! —dijo el Gran Maestro de Ceremonias.
—¡Sí, estoy preparado! —respondió el emperador—. Estoy bien, ¿no es cierto? —y giró otra vez frente al espejo fingiendo contemplar su vestido de gala.
Los chambelanes que debían llevar la cola fingieron recogerla palpando el suelo, y se movieron cogiendo el aire; no podían dar a entender que no veían nada.
Y de este modo el emperador abrió el cortejo bajo el suntuoso baldaquino y la gente en la calle y desde las ventanas decía:
—¡Dios, los nuevos vestidos del emperador son de una belleza incomparable!, ¡qué espléndida cola tras el jubón! ¡Qué bien le sienta! —nadie quería que se supiese que no veía nada, porque esto significaba que no era digno del cargo que ocupaba, o bien que era muy estúpido. Ninguno de los vestidos del emperador había tenido tanto éxito.
—¡Pero si va desnudo! —dijo un niño.
—¡Dios mío! ¡La voz de la inocencia! —dijo el padre, y todos comentaban entre sí lo que había dicho el niño.
—¡Va desnudo! ¡Hay un niño que dice que el emperador va desnudo!
—¡El emperador está desnudo! —acabó exclamando toda la gente.
Y el emperador se estremeció porque estaba seguro de que tenían razón, pero pensó: «¡A pesar de todo debo encabezar el desfile hasta el final!», y se irguió desafiante y los chambelanes caminaron sosteniendo la cola que no existía (Hans Christian Andersen).

LOS CAMINOS DE LA COMUNICACIÓN

La comunicación consta de múltiples elementos.
Comunicación son las palabras que pronunciamos. Palabras precisas, palabras evocadoras, palabras tajantes como el filo de la espada, palabras simples, palabras rebuscadas... palabras.
Comunicación también es cómo usamos la voz. La monocromía tonal o las innumerables variaciones de un acróbata de la dicción. Los sonidos susurrantes, que hablan de intimidad, privacidad, secreto, o los sonidos potentes, proyectados hacia el exterior.
Comunicación es nuestro cuerpo. Quieto o en acción. Cercano o distante. Estable o inestable.

Comunicación son las emociones que sentimos y que, a través de nosotros, siente nuestro público; la intención que subyace en nuestra forma de decir.

VERBAL
Cuando hablamos de comunicación verbal pensamos en el vocabulario lingüístico. Podemos definir el lenguaje verbal como el dispositivo simbólico que nos permite, mediante signos convencionales —el vocabulario lingüístico, precisamente—, comunicar los pensamientos, los conceptos elaborados en nuestra mente.

Aunque no se superponen exactamente, la comunicación verbal se asocia a menudo a la comunicación lógica, o digital, cuya tarea consiste en describir datos de la realidad o conceptos abstractos a través de símbolos orgánicamente estructurados para producir y comprender los mensajes.

El lenguaje Braille para los invidentes es un ejemplo de lenguaje lógico no verbal y demuestra que entre el lenguaje verbal y el lógico no existe una total correspondencia.

Es cierto, sin embargo, que, en general, el lenguaje verbal es un lenguaje lógico, debido precisamente al carácter simbólico de la palabra.

La palabra gato, así como su equivalente inglés cat, el francés chat o el alemán katze, no tiene ningún vínculo directo con el animal gato. Sólo el conocimiento del código lingüístico permite la decodificación. Para poder utilizar el lenguaje lógico es necesario haber aprendido el uso y el significado de las señales digitales.

NO VERBAL
Una primera definición de comunicación no verbal, que no por genérica es menos válida, es que incluye «todo aquello que no es verbal»: gestos, posturas, vestuario, miradas, tono de la voz...

Así como lo verbal se relaciona con la comunicación lógica, del mismo modo lo no verbal se asocia con la comunicación analógica, aquella que se basa precisamente en el principio de la analogía, que establece la asociación entre una cosa y otra. A diferencia del lógico, este lenguaje puede traducirse sin conocer el código de referencia, en virtud del vínculo directo que existe con aquello que se representa. Si en un país extranjero cuya lengua no conocemos indicamos cinco mostrando los cinco dedos de la mano nos haremos entender por la conexión analógica entre el número cinco y los cinco dedos de la mano.

Resulta evidente que los mensajes no verbales dependen mucho del contexto. Por ese motivo, en función de la situación en la que se producen, pueden tener significados diferentes.

Página de apuntes

- La comunicación requiere un emisor, un receptor y un mensaje.

- La información es de sentido único; la comunicación es un viaje de ida y vuelta.

- La comunicación es un proceso circular en el que, a través de su comportamiento, el emisor influye en el receptor y se ve a su vez influenciado por este.

- Toda acción, realizada o no, cada palabra y cada silencio frente al público son comunicación: no se puede no comunicar.

- Cada cual interpreta la realidad a partir de un mapa de referencia subjetivo: comprender al otro y hacerse comprender requiere un esfuerzo de decodificación del proceso interpretativo ajeno.

- Necesitamos el reconocimiento de los demás tanto como el oxígeno para vivir.

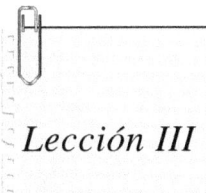

Lección III

LA VOZ Y SUS SECRETOS

PRONUNCIE EL DISCURSO COMO SI TUVIERA VIDA PROPIA

Un uso adecuado de la voz logra que el contenido sea valorado, resulte más atractivo.

Todos hemos conocido, antes o después, a algún profesor muy preparado, portador de contenidos excelentes e interesantes, pero con el que al cabo de poco tiempo se corría el riesgo de dormirse a causa de su voz monocorde.

Quintiliano también nos alerta sobre «aquello que los griegos llaman μονοτονία ("monotonía"), la uniformidad excesiva de la respiración y de la voz». Tenemos a nuestra disposición un instrumento excepcional, capaz de emitir en diversos tonos, en volumen bajísimo y altísimo, con silencios, y diferente velocidad de pronunciación de las palabras. Así pues, se trata únicamente de entender este instrumento y ejercitarlo correctamente.

En primer lugar, la impostación de la voz

Lo primero que debemos tener en cuenta es que el público debe oírnos y... oírnos bien. Siempre recordaré el consejo de un profesor de dicción: ¡en primer lugar, que se os oiga, después nos ocuparemos de la interpretación!

Por tanto, lo primero a lo que debemos prestar atención cuando vayamos a dar un discurso es a la impostación de nuestra propia voz: si se hace de manera adecuada, por una parte, nos aseguraremos de que el público nos oye de manera correcta y, por otra, evitaremos el riesgo de dañar este sofisticado y delicado instrumento que es nuestro aparato fonador.

ALGUNOS CONSEJOS

Para hablar bien es necesario respirar correctamente. Es preferible inspirar a través de la nariz, acción que comporta las ventajas de filtrar el aire, ser más silenciosa que la inspiración a través de la boca y mantener húmedas las mucosas impidiendo que la garganta se seque. También es importante no espirar demasiado a menudo y de manera incompleta, porque esto puede producir fatiga. Es conveniente recordar que, según los sabios hindúes, el control de la respiración es el control del pensamiento, de las emociones y, podríamos añadir, de la voz.

Adquiriendo conciencia de que la respiración es la base de la vida y de que no se limita al aparato respiratorio, lograremos establecer una nueva relación, de carácter integral, con la respiración misma. Así pues, la respiración se convierte en la total y completa armonía con todo aquello que nos rodea. De este modo, cuando estamos ansiosos, tenemos tendencia a aspirar más aire, de forma entrecortada, intentando alcanzar mediante la respiración una situación de mayor seguridad.

Otro ejemplo puede ser el orador que en su casa pronuncia el discurso perfectamente, pero que se encuentra con la respiración entrecortada y la garganta seca frente a la platea. Una respiración correcta, armónica, natural y rítmica puede ayudar a reequilibrar estas situaciones problemáticas.

Una última sugerencia. Cuando la reserva de aire en el abdomen disminuye, existe todavía la posibilidad de no interrumpir el flujo de palabras utilizando el ensanchamiento de las últimas seis costillas, situando la pelvis un poco hacia atrás y dilatando la musculatura dorsolumbar. Esta técnica permite crear una especie de salvavidas que rodea la cintura bajo el ombligo. Un apoyo que haga surgir el aire como el agua de una fuente y la voz sea la bolita que se mantiene en equilibrio sobre el agua.

Para realizar una buena impostación es necesario que el flujo de aire que genera el sonido se proyecte con energía y sin encontrar obstáculos —como el cierre de la laringe o una apertura insuficiente de los maxilares— y que el sonido sea amplificado por las cajas de resonancia fisiológicas.

La impostación de la voz se vincula directamente con una correcta respiración.

Para una respiración correcta

«Es necesario practicar para que la espiración pueda durar tanto tiempo como sea posible» (Quintiliano).

Para dominar la voz, resulta fundamental aprender a gestionar la respiración. Si, al pronunciar una frase muy larga, respiramos sólo hinchando el pecho, nos encontraremos enseguida sin aire.

La respiración correcta necesita un soporte físico, un enraizamiento en la zona abdominal. Esta técnica de respiración se basa en un principio natural que podemos observar cuando dormimos. Nuestra respiración es baja, abdominal, como la de los recién nacidos.

Inspiración

Para trasladar este tipo de respiración al estado de vigilia es importante la postura del cuerpo, derecha y apoyada en la columna vertebral, evitando que los hombros se eleven y desciendan en cada inspiración. Durante esta, el diafragma (músculo situado entre los pulmones y el intestino, del que poseemos tan sólo un control parcial) desciende hacia la región abdominal y desplaza y ensancha el tórax, el vientre, la pelvis y las vértebras lumbares, desplazando las costillas.

Espiración

La acción del diafragma prosigue durante la espiración, ascendiendo hacia su posición original, y, en este lento ascenso, opone resistencia a los músculos espiratorios que forman la cintura abdominal, creando presión de este modo y manteniendo el caudal de aire. La función de los músculos espiratorios es precisamente expeler el aire de los pulmones comprimiendo el diafragma.

EJERCICIOS DE RESPIRACIÓN

1. Inspire, estando de pie y llenando de aire el abdomen.
   A continuación, desplace el aire algunas veces del abdomen al tórax y viceversa.

2. Inspire, mantenga el aire contando hasta diez y espire rápidamente todo el aire introducido.

3. Después de eliminar todo el aire presente en los pulmones a través de la boca, inspire lentamente por la nariz, poniendo una mano sobre el tórax y otra sobre el abdomen, comprobando que primero se llena de aire la parte abdominal del cuerpo y después la zona superior. Tras comprobar que ha introducido la mayor cantidad de aire posible, mantenga la respiración durante algunos segundos y espire por la boca lentamente hasta expeler todo el aire. Practique este ejercicio varias veces.

> 4. Repita el ejercicio anterior, pero pronunciando la consonante «s»; es un ejercicio muy útil para «calentar» la voz.
>
> 5. Inspire, llenando de aire los pulmones, y espire pronunciando seguidas todas las vocales, «a, e, i, o, u», varias veces, hasta agotar el aire.

LOS SONIDOS ARTICULADOS

La voz

El elemento fundamental de la expresión oral es la voz. La entrada y salida de aire de los pulmones es un fenómeno normal en el ser humano que recibe el nombre de *respiración*. Pero la salida de aire puede ser aprovechada para otras funciones. Aumentando la presión de salida del aire, podemos hacer que vibren unos repliegues musculosos situados en el interior de la laringe, las cuerdas vocales. Esta vibración de las cuerdas se propaga a través del aire, pudiendo llegar al oído y producir la sensación de sonido.

La articulación: fonemas

Lo que llega hasta nosotros durante la conversación no es la voz de nuestro interlocutor tal como se produce en sus cuerdas vocales, pues esta voz nos llega modificada por la articulación. Dichas modificaciones se producen en la faringe, en la boca o en las fosas nasales y obedecen a la intención del propio hablante. El movimiento o la disposición de los labios, la lengua, los dientes y el paladar determinan una distinta configuración de la cavidad bucal, causa a su vez de una peculiar articulación.

Los sonidos salen de la boca afectados de tal modo por la articulación que ofrecen una fisonomía distinta. La voz se ha convertido en *fonemas*, nombre que se da a cada uno de los tipos de articulación que constituyen el sistema fonético de una lengua.

Los fonemas y las letras

Estos fonemas que acabamos de mencionar son lo que comúnmente se conoce como *letras*. No obstante, fonema y letra no son lo mismo. Fonema es cada uno de los distintos sonidos que se emplean en la lengua.

Letra es el signo que representa al fonema en la escritura. Basta recordar que el sonido «ze» puede representarse en español por «ze» o por «ce»; el sonido «ge» se representa indistintamente como «ge» o «je»; el sonido «be», como «be» o «ve». De lo que se deduce que a algunas letras les corresponde más de un fonema. Así, la «c» puede representar los sonidos «ze» o «ka», dependiendo de la vocal que le siga. Otro tanto ocurre con la «g», indistinta representante gráfica de los fonemas «ga» y «ge».

SIGNOS USADOS EN LA ESCRITURA DEL ESPAÑOL

Los signos usados son los siguientes: a, b, c, d, e, f, g, h, i, j, k, l, m, n, ñ, o, p, q, r, s, t, u, v, x, y, z. Además, hay algunos signos dobles o compuestos (dígrafos), como «ch», «ll», «rr».

A estas letras corresponden, en español, 24 fonemas, que son: a, b (incluye el fonema representado por «v»), c, d, e, f, g (con sonido «ga», «gue», «gui», «go», «gu»), i, j (incluyendo la representación «ge», «gi»), k (sea cual fuere la escritura: «ca», «co», «cu», «que», «qui» o «ka», «ke», «ki», «ko», «ku»), l, ll, m, n, ñ, o, p, r, rr, s, t, u, y, z (tanto «ze» como «ce»).

La representación de los sonidos por signos es algo convencional. Cada lengua ha adoptado un sistema de signos, que no siempre coincide con el de las otras lenguas. El sonido que en español se representa con «ll» se escribe «lh» en portugués y «gl» en italiano. El fonema que en español se escribe «ñ» se representa como «ny» en catalán, «nh» en portugués y «gn» en francés.

La equivalencia b = v puede extrañar a alguien. En realidad, en español tan sólo existe un fonema correspondiente a «be». La supuesta articulación de la «v», aplicando el labio inferior al borde de los dientes superiores, no existe en el castellano común.

La letra «h» es un signo que no tiene correspondencia fonética en el español común. En algunas regiones del sur de la península se articula como aspiración, la cual, exagerada, puede llegar a convertirse en «j».

La letra «x» no representa un fonema, sino un conjunto de dos. En realidad la «x» equivale a «ks» o, con pronunciación más o menos relajada, a «s» o «gs».

División de los fonemas

Los fonemas se dividen en vocales y consonantes. Se denomina *vocales* a los fonemas capaces de formar sílaba por sí solos. Reciben el nombre de *consonantes* aquellos cuya articulación exige la compañía y apoyo de una vocal; de ahí su nombre: «con-sonante», es decir, «que suena juntamente con otro».

Las cinco vocales

La característica fundamental de los fonemas vocálicos radica en que las vibraciones laríngeas que los producen salen al exterior sin que se sumen nuevas vibraciones a su paso por la boca. En las vocales, los órganos articuladores actúan sólo como resonador, amplificando y conformando el sonido. Según se dispongan los órganos de la boca (lengua, paladar, labios), se obtendrá distinta resonancia y, por tanto, diferente vocal.

Los fonemas vocales son cinco en español: a, e , i, o, u. Es cierto que cabe distinguir entre vocales abiertas y cerradas, especialmente en lo que respecta a la «e» y a la «o». Pero, aun así, la diferencia existente entre la «e» abierta y la «e» cerrada es menor que la que se registra en otras lenguas; en francés o en catalán, por ejemplo, el grado de abertura de la «e» llega a diferenciar el significado de algunas palabras.

Clasificación en dos grupos: abiertas y cerradas

Por la mayor o menor capacidad de la cavidad bucal de resonancia en el momento de la articulación, las vocales se agrupan en abiertas y cerradas. El grado de abertura se mide principalmente por la distancia entre la lengua y el paladar.

La más abierta de las vocales es la «a». Le siguen, a igual distancia, la «e» y la «o», que se denominan *vocales de abertura media*. Las vocales de menor abertura o cerradas son la «i» y la «u».

Concurrencia de vocales

Cuando dentro de una palabra se encuentran dos vocales juntas, se debilita la articulación de la más cerrada. Este hecho ha dado lugar a la división de las vocales en fuertes y débiles.

Se consideran vocales fuertes la «a», la «e» y la «o»; y vocales débiles la «i» y la «u». La unión de una vocal fuerte y una débil o de dos débiles origina un diptongo.

Diptongo

Corresponde a la pronunciación en una sílaba de dos vocales, una de las cuales debe ser débil y átona, es decir, ha de ser «i» o «u» y no tiene que llevar acento; la otra puede ser fuerte o débil indistintamente y llevar acento o no. Contienen un diptongo cada una de las siguientes palabras: *a-bier-to, a-cei-te, pai-sa-je, pau-sa*. No forman diptongo, por estar acentuada la única débil, las vocales de los siguientes ejemplos: *Ca-ín, a-ba-dí-a, son-re-í*, etc.

Los diptongos posibles en la lengua española son, según la Real Academia Española, los siguientes:

AI	AU	OI	OU	EI	EU	IA
IO	IE	IU	UA	UO	UE	UI

Veamos algunos ejemplos de palabras con diptongos: *bai-le, rau-do, boi-na, bou* (único ejemplo en español), *pei-ne, deu-da, pia-no, brio-so, tie-rra, triun-fo, cua-tro, cuo-ta, fue-go* y *hui-da*.

Triptongo

Cuando son tres las vocales pronunciadas en una sola sílaba, forman un triptongo. Para que sea posible la concurrencia de las tres vocales en una sílaba es necesario que dos de ellas sean débiles (es decir, las cerradas «i», «u»), estén situadas en los extremos de la sílaba y sean átonas (esto es, que no lleven acento). La vocal central puede ser fuerte y estar acentuada.

Los triptongos posibles en español son los siguientes:

IAI, como en a-pre-ciáis, pre-miáis
IEI, como en des-pre-ciéis, liéis
UAI, como en a-mor-ti-guáis, san-ti-guáis
UEI, como en a-mor-ti güéis, san-ti-güéis

EL ACENTO

El acento no es sino esa mayor fuerza que notamos en algunas sílabas. En *can-ta-ré*, la última; en *cán-ta-ro*, la primera. Conviene no confundir dos conceptos distintos y a los que es frecuente referirse con los mismos nombres. La sílaba acentuada no es la que lleva en la escritura una tilde especial sobre su vocal, puede llevarla, pero no es eso lo esencial.

El acento se refiere a la pronunciación, a la lengua oral. Todas las sílabas escritas en cursiva en los siguientes ejemplos son sílabas acentuadas, aunque carezcan de la tilde ortográfica. *Can*-to, *li*-bro, *bus*-que son palabras acentuadas en la primera sílaba; can-*tó*, li-*bró*, bus-*qué* están acentuadas en la última. En los primeros casos no hay signo ortográfi-

co, en los segundos sí. Esto depende de las reglas ortográficas que regulan la corrección de la escritura.
Según el lugar que ocupa la sílaba acentuada, las palabras se pueden dividir en:

- Agudas: la sílaba acentuada ocupa el último lugar. Ejemplo: vi-vi-*ré*, man-*tel*, pe-re-*jil*.
- Llanas: el acento está en la penúltima sílaba, como en es-pe-*ran*-za, es-*to*-que, *bar*-ba.
- Esdrújulas: el acento recae en la antepenúltima sílaba, como en *cán*-ta-ro, *bár*-ba-ro, *pé*-ta-lo.
- Sobreesdrújulas: el acento está en una sílaba anterior a la antepenúltima. En español no hay ninguna palabra propiamente dicha que se encuentre en este último caso, pero la aplicación enclítica de los pronombres (detrás de la palabra, pero sin separación en la escritura) hace que se produzcan ejemplos: *cán*-ta-me-la, de-*tén*-ga-se-le, ol-vi-*dán*-do-se-me.

UNA BUENA ARTICULACIÓN PARA DAR CUERPO A LAS PALABRAS

«*La declamación será clara, en primer lugar, si las palabras se pronuncian por completo*» (*Quintiliano*).

Una buena articulación, es decir, la pronunciación completa y correcta de todas las sílabas que forman una palabra asegura una enunciación clara y, por tanto, la comprensión real por parte de quien escucha.

A menudo una mala articulación se debe al escaso empleo de los músculos faciales durante la fonación. Para comprobar nuestro nivel de uso de dicha musculatura, basta con situarnos frente a un espejo y observar los movimientos musculares, sobre todo en la zona de la boca (la parte más implicada en el proceso de articulación), mientras pronunciamos algunas palabras en voz alta. Si notásemos una especie de leve atrofia muscular deberemos tener la habilidad de utilizar los músculos en cuestión acentuando el movimiento de los labios durante la pronunciación de las palabras. Este es el objetivo de algunos de los ejercicios propuestos a continuación.

Considero importante señalar que una buena articulación hace que las palabras dichas puedan comprenderse, aunque el volumen de voz utilizado sea bajísimo. Los «susurros» en teatro, aquellas partes del tex-

Ejercicios para una buena articulación

1. Repita durante un minuto como mínimo cada una de estas sílabas: ba (ba ba ba...) - pa - fa - ma - da - ta - za - sa - na - la - ra - ña - ga.

2. Realice el mismo ejercicio con los siguientes grupos de consonantes: bla - bra - cla - cra - gra - sbra - scra - sda - sdra - sfa - sfra - sgra - sla - sma - sna - spa -spla - spra - sta - stra - sva - tra - ña - lli - glo - glu.

3. Un instrumento adecuado, utilizado en las escuelas de teatro y los cursos de dicción para asegurar la fluida y completa articulación de las palabras, son los trabalenguas, que, por su naturaleza, para ser pronunciados de manera correcta y tan veloz como sea posible, necesitan ser bien articulados. Veamos algunos ejemplos:

   • Tres tristes tigres trigaban trigo en un trigal.
   • El suelo está enladrillado, quién lo desenladrillará, el desenladrillador que lo desenladrille buen desenladrillador será.
   • El perro de Roque no tiene rabo porque Ramón Ramírez se lo ha robado.
   • Como quieres que te quiera, si el que quiero que me quiera no me quiere como quiero que me quiera.
   • Parra tenía una perra. Guerra tenía una parra. La perra de Parra subió a la parra de Guerra. Guerra pegó con la porra a la perra de Parra. Y Parra le dijo a Guerra: ¿por qué ha pegado Guerra con la porra a la perra de Parra? Y Guerra le contestó: si la perra de Parra no hubiera subido a la parra de Guerra, Guerra no hubiese pegado con la porra a la perra de Parra.
   • Paco Peco, chico rico, le gritaba como loco a su tío Federico. Y este dijo: poco a poco, Paco Peco, ¡poco pico!

4. Tome un texto cualquiera y léalo en voz alta, silabeando: pronuncie las sílabas con voz potente y sostenida, como si quisiera lanzarlas contra la pared.

5. Comenzando con la lectura silabeada de un texto realizada con lentitud, llegue, gradualmente, a separar cada palabra lo más rápido posible.

6. A menudo, a una articulación breve se une la pronunciación incompleta de la palabra. Es frecuente que las palabras no se pronuncien hasta el final y se pierda la última sílaba. Para evitar este inconveniente, lea cualquier texto añadiendo al final de cada palabra la letra «t».

to que se dicen con un hilo de voz, a menudo tan sugerentes, se basan precisamente en la limpieza de la articulación, que permite llegar incluso al último espectador de la sala.

LA PAUSA: DECIR, CON EL SILENCIO, LO QUE LAS PALABRAS NO DICEN

«El silencio está repleto de las palabras que no hemos dicho nunca» (un prisionero político portugués a su amada).
«Existe un arte del silencio tan valioso como la elocuencia» (Cicerón).

La pausa posee un poder comunicativo extraordinario. A menudo los jóvenes actores, y aquellos que no tienen demasiada experiencia en hablar frente al público, temen el silencio, pero los actores y comunicadores experimentados saben crear, mediante el uso de la pausa, momentos de gran eficacia comunicativa.

La pausa resulta valiosa si calla algo, si no es ausencia de comunicación, sino un momento «diferente» de esta.

Los diferentes tipos de pausa

Según la función que desempeñan, podemos distinguir diversos tipos de pausa.

• Pausa realizada al concluir un pensamiento: es un momento de reposo que se concede al público, un tiempo dedicado a la reflexión. Aquello que conocemos bien y es el resultado de nuestra previa meditación no lo es del mismo modo para el público. Por ello es necesario concederle unos instantes para que piense en nuestras palabras.
• Pausa de transición entre un pensamiento y otro. Es una pausa que señala el cierre de algo y la apertura de una nueva fase.
• Pausa realizada en el interior de la frase, que anticipa la expresión de un concepto, de una palabra especialmente cargada de significado. Se trata de un tipo de pausa que crea interés, que corta la respiración: «¿Y si...», y el público queda en suspenso, esperando, como nuestra respiración: inspiramos y esperamos en apnea: «... hiciésemos una pausa?», espirando. Una pausa «táctica». «También conviene saber cuándo es necesario hacer una pausa en el discurso y, por así decir, dejarlo en suspenso...», sugiere al respecto Quintiliano.

- Una pausa al inicio del discurso puede resultar muy eficaz. Comenzar con un silencio ofrece la ventaja, además de captar la atención del público, de transmitir una imagen de autoridad y seguridad en uno mismo. Precisamente porque administrar la pausa no es fácil, aquel que la gestiona con naturalidad y tranquilidad da la impresión de sentirse a gusto en la situación en la que se encuentra y el papel que asume. «En el espacio entre las palabras discurre la vida. La verdad se siente encarcelada en las palabras. La verdad está fuera de las palabras. [...] Si hubieseis vivido en silencio habríais oído más cosas. O, mejor dicho, en silencio habríais dicho incluso más» (J. Alschitz).

CÓMO MANTENER LA ATENCIÓN DEL INTERLOCUTOR

Nada es tan capaz de anular el nivel de atención del público como un discurso monótono y monocorde. Una de las armas más eficaces que posee el orador para captar la atención de la audiencia es precisamente la capacidad para crear variedad. No sólo tendrá garantizada su atención, sino que los contenidos permanecerán más tiempo en la memoria de los presentes.

El secreto reside en la variación de tono, volumen y ritmo.

EL TONO

> *«El punto más importante es adaptar la voz de acuerdo con las características del tema del que hablamos y según nuestro estado de ánimo, de manera que el tono de la voz no se oponga a nuestras palabras» (Quintiliano).*

El tono confiere a la voz un desplazamiento vertical: de abajo hacia arriba y de arriba hacia abajo. Podemos identificar dos alturas tonales extremas de referencia: grave y aguda.

Cada uno de nosotros utiliza sobre todo un tono, por lo cual algunos poseen voces que tienden a ser agudas y otros se mueven casi siempre en tonos graves; también para la voz la virtud está en el punto medio.

Efecto tirolés

La emisión correcta de la voz se ve frenada a menudo por problemas debidos a las frecuencias sonoras que se hallan próximas a estos dos registros. Es el conocido efecto «tirolés», cuando quien habla no conoce

LOCALIZACIÓN FÍSICA DEL TONO

Para aprender a reconocer los puntos graves y agudos en los que la voz resuena, apoyaremos una mano en el pecho y otra en la frente, y, en esta posición, entonaremos una octava musical.
Conforme la voz pase de los sonidos graves a los agudos, sentiremos una ligera vibración que pasa del pecho a la cabeza. Cuanto más graves sean los sonidos, más vibrará la mano apoyada en el pecho; cuando más agudos sean, más resonará la mano sobre la frente.
Una vez descubiertas estas localizaciones, será fácil conducir la voz rebelde hacia el lugar que le resulta más apropiado.

EL ARTE DE LA PAUSA

El siguiente fragmento se presta bien para practicar el arte de la pausa. Titulado «Excitación», pertenece al texto *Ejercicios de estilo* de R. Queneau, utilizado a menudo en las escuelas de teatro, porque en noventa y nueve escritos de carácter «variado y eventual», organizados a partir de un único texto de base, Queneau nos conduce en un viaje inteligente y divertido por los secretos de la retórica.

Este fragmento implica la necesidad de introducir pausas, por cuanto quien habla está reconstruyendo el tema desde la memoria. Sugiero por ello que lo lea en voz alta, como si estuviese frente al público y quisiese de algún modo implicarlo en este proceso de reconstrucción...

«No sé bien dónde sucedió... ¿en una iglesia?, ¿ en un ataúd?, ¿en una cripta? Quizás... ¿en un autobús? Y había... ¿qué diablos había? ¿Espadas, hombretones, tinta invisible? ¿Quizás... esqueletos? Sí, esqueletos, pero todavía con jirones de carne, vivos y saludables. Creo que es eso. Gente en un autobús, pero había uno (¿o eran dos?) que se hacían notar, no sabría decir por qué. ¿Por su megalomanía? ¿Por su incipiente gordura? ¿Por su melancolía? No, mejor..., más exactamente, por su juventud adornada con una larga... ¿nariz?... ¿barbilla?... ¿pulgar? No: el cuello. Y con un sombrero extraño, extraño, extraño. Comenzó a pelear, sí, eso mismo, posiblemente con otro viajero (¿hombre o mujer?, ¿niño o viejo?). Después acabó, bueno, debía acabar de una manera u otra, probablemente porque uno de los dos adversarios huyó...

»Creo que debe ser el mismo individuo que encontré..., pero ¿dónde? ¿frente a una iglesia?, ¿frente a una cripta?, ¿frente a un ataúd? Con un compañero al que le debía hablar de algo, pero ¿de qué?, ¿de qué?, ¿de qué?».

la adecuada localización física de ambas tesituras. El pecho para la grave y la cabeza para la aguda. Y de este modo gestiona mal el paso entre ambas.

La voz que se apoya en el pecho corresponde a los registros graves y medios, y la que resuena en la cabeza, a los sonidos agudos. Mezclando ambos registros ampliamos nuestra tesitura, es decir, la extensión vocal, que permite de este modo una amplia gama de matices, timbres y carga emocional. Pero es necesario ser consciente y controlar los lugares en que la voz resuena principalmente.

Voces temblorosas

A veces en personas que hablan en público se observa un efecto tembloroso en la voz, como si oscilase entre graves y agudos de manera descontrolada. Es una situación que puede producir irritación en el público y, por su inestabilidad, comprometer la credibilidad del mensaje mismo.

Para evitar este inconveniente, intentaremos conducir dicha voz temblorosa al lugar físico que le es propio, el pecho, convirtiéndola en un río majestuoso y tranquilo.

Timbres demasiado agudos

Una voz muy aguda es un defecto típicamente femenino, pero también algunos hombres lo manifiestan. Una voz demasiado aguda resulta estridente, nerviosa, incluso ridícula: el atractivo de una voz reside precisamente en su sensualidad envolvente, en los tonos menos agudos, que son los preferibles y que resuenan en la zona física del pecho, metafóricamente el corazón.

EL VOLUMEN

«El volumen es el nivel de sonido que damos a la emisión vocal, en relación con la cantidad de aire empleada» (N. Ramorino).

Tendemos de forma natural a modificar el volumen de nuestra habla dependiendo de aquello de lo que hablamos. Cuando deseamos conducir al interlocutor a regiones íntimas, secretas, el volumen, de manera coherente, disminuye, mientras que si estamos irritados, si «queremos que todos nos oigan», el volumen inmediatamente se eleva. Es necesario conservar esta capacidad para modificar el volumen también cuando no nos encontramos frente a un solo interlocutor, sino ante un amplio público.

Naturalmente, la necesidad de variar no nos debe hacer olvidar el buen gusto y el equilibrio, como subraya Shakespeare en *Hamlet*.

EJERCICIOS

1. Un primer ejercicio para aumentar la capacidad de control del volumen consiste en emitir una vocal siempre en el mismo tono, pero con intensidad creciente o decreciente. Inspire, retenga durante algunos segundos el aire y espire emitiendo la vocal «a» con volumen creciente.

    aaaaaaaa**aa**

    Inspire, retenga el aire durante algunos segundos y espire emitiendo la vocal «a» con volumen decreciente

    aaaaaaaaaa

2. El siguiente ejercicio propone unir los dos anteriores; por tanto: inspire, retenga durante algunos segundos el aire y espire, emitiendo la vocal «a» primero con volumen creciente y después decreciente.

    aaaaaaaa**aa**aaaaaaaa

3. Repita varias veces el ejercicio anterior, comprobando cuántas veces logra realizar el recorrido indicado con una sola emisión de aire.

    aaaaaaa**aa**aaaaaa aaaaaaa**aa**aaaaaa

4. La siguiente lectura pretende demostrar cómo la variación del volumen es capaz de dar vida a un fragmento de texto (ejercicio incluido en el *Corso di dizione*, de N. Ramurino). Le sugerimos que lea el fragmento en voz alta y lo grabe, repitiendo el ejercicio hasta sentirse satisfecho con el resultado.

    En el fragmento, extraído de La metamorfosis de Kafka, se indica con números el volumen de acuerdo con la siguiente escala.

    1-2-3 = flojísimo
    4-5 = flojo
    6-7 = medio
    8-9 = fuerte
    10-11 = fortísimo

          6   7
    Mientras pensaba y meditaba / atropelladamente, /
          4
    sin poderse decidir a abandonar el lecho /

        6
—el reloj daba en ese momento las siete menos cuarto—, /
       5
llamaron quedo a la puerta junto a la cabecera de la cama. /
  8   6   4
«Gregorio», / dijo una voz, / la de su madre, /
     8   9
«son ya las siete menos cuarto. / ¿No ibas a marcharte de viaje?». /
   5   5
¡Qué voz más dulce! / Gregorio se horrorizó en cambio al oír la suya propia, /
     6   6   6
que era la de siempre, / sí, / pero que salía mezclada con un doloroso e irreprimible pitido, en el cual las palabras, al principio claras, /
      7   6
confundíanse luego, / resonando de modo que no estaba uno seguro de haberlas oído. /
           7
Gregorio hubiera querido contestar dilatadamente, /
   6   7
explicarlo todo; / pero, sin embargo, se limitó a decir: /
       9
«Sí, sí. Gracias, madre. Ya me levanto». /
                6
A través de la puerta de madera, la mutación de la voz de Gregorio no debió de notarse, pues la madre se tranquilizó con esta respuesta y se retiró. /
                7
Pero este corto diálogo hizo saber a los demás miembros de la familia que Gregorio, /
     5   7
contrariamente a lo que se creía, / estaba todavía en casa. /
  6   5   6
Llegó el padre a su vez y, / golpeando ligeramente la puerta, /
   6   5
llamó: / «Gregorio, ¡Gregorio! / ¿Qué pasa?». /
        4   5
Esperó un momento y volvió a insistir, / alzando algo la voz: /
     6
«Gregorio, ¡Gregorio!». /
                6
Mientras tanto, detrás de la otra hoja, la hermana lamentábase dulcemente: /
   3   2   3
«Gregorio, / ¿no estás bien?, / ¿necesitas algo?». /
  9   5
«Ya estoy listo», / respondió Gregorio a ambos a un tiempo, /
          7
esforzándose en vocalizar, / y hablando con gran lentitud, /
       6
para disimular el sonido inaudito de su voz. /
   6   6
Tornó el padre a su desayuno, / pero la hermana siguió musitando: /
  3   2   2
«Abre, / Gregorio; / te lo suplico».

Del discurso de Hamlet a los actores
«Dirás este pasaje en la forma que te lo he declamado yo: con soltura de lengua, no con voz desentonada, como lo hacen muchos de nuestros cómicos; más valdría entonces dar mis versos al pregonero para que los dijese. [...] A mí me desazona en extremo ver a un hombre muy cubierta la cabeza con su cabellera, que a fuerza de gritos estropea los afectos que quiere expresar, y rompe y desgarra los oídos del vulgo rudo, que sólo gusta de gesticulaciones insignificantes y de estrépito. Yo mandaría azotar a un energúmeno de tal especie; Herodes de farsa, más furioso que el mismo Herodes. Evita, evita ese vicio. [...] Ni seas demasiado frío; tu misma prudencia debe guiarte».

EL RITMO

Podemos definir el ritmo como la puntuación de la frase, la puntuación del discurso. Los cambios en el ritmo contribuyen de manera decisiva, junto con la variación de volumen y tono, a hacer más variado, interesante y atractivo un discurso.

El ritmo depende mucho de la sensibilidad y el gusto personales. Naturalmente, variará en función del tipo de intervención y del material de apoyo que utilicemos.

Tomemos, como ejemplo, dos fragmentos literarios que implican, tanto por su contenido como por su estructura, la necesidad de ritmos diferentes.

Fragmento de *Los novios*, de Manzoni.

«Descendía del umbral de uno de aquellos portales y venía hacia el convoy una mujer, cuyo aspecto anunciaba una juventud avanzada, pero no pasada; y traslucía una belleza velada y ofuscada, pero no destruida, por una gran pasión, por una languidez mortal: esa belleza suave y a la vez majestuosa, que brilla en la sangre lombarda. Su caminar era cansado, pero no claudicante; sus ojos no vertían lágrimas, pero mostraban signos de haber derramado muchas; había en aquel dolor algo apacible y profundo, que revelaba un alma plenamente consciente y presente para sentirlo».

En este fragmento, en el que las palabras van construyendo una imagen y al mismo tiempo un estado de ánimo, donde los adjetivos denotan una lentitud y una compostura física y psíquica al mismo tiempo, el rit-

Ejercicios de interpretación

1. Pronuncie la palabra *bien* con alegría, con ironía, de forma interrogativa, con rabia, tímidamente, con entusiasmo, con tristeza, entre dientes, dulcemente...

2. Represente, con la única ayuda de la dicción, diferentes personajes: el avaro, el nuevo rico, un hombre piadoso, un glotón...

3. Defina a través de la dicción distintas características psicosomáticas: carencia de dientes, neurastenia...

4. Parodie la dicción de personas que conozca.

5. Utilizando números o palabras escogidos al azar hable como:
   a) un sargento que imparte órdenes a sus soldados;
   b) un detective que está presentando pruebas;
   c) si contase un cuento a los niños;
   d) si cargase un camión con objetos de diferente peso;
   e) un periodista deportivo que está retransmitiendo un partido de fútbol;
   f) si explicase una anécdota muy divertida.

6. Lea algunos pasajes del texto *Esercizi di stile*, de R. Queneau, siguiendo las indicaciones que se ofrecen sobre el título y el estilo.

mo sólo puede ser lento, pausado, majestuoso como el caminar mismo de la mujer.

Fragmento de *El despertar*, de Franca Rame y Dario Fo.

«¡Rápido, rápido, corre! Las seis treinta y cinco... Deprisa, lo conseguiremos... ¡Levanta niño, levanta! Coge la cartera..., coge la chaqueta... y comienza la jornada... La llave..., la llave..., la llave..., la llave, ¿dónde he puesto la llave? ¡Todas las mañanas el mismo problema con la llave!».

Este extraordinario retrato del despertar de tantas mujeres en la actualidad lleva en sí mismo el ritmo y la velocidad característicos de nuestro tiempo y exige, para leerlo, un ritmo distinto del empleado en el fragmento anterior: el ritmo de la ansiedad y la acción vertiginosa.

LA VOZ: VEHÍCULO DE EMOCIONES Y SENTIMIENTOS

La voz es similar en todo a un instrumento musical. Un instrumento musical produce sonidos que, puestos uno tras otro, crean melodías. Y las melodías suscitan emociones, evocan sentimientos.

La voz humana es posiblemente el más accesible de los instrumentos y el medio más fácil con el que expresamos y canalizamos nuestras intenciones. Esto significa que la intención de la persona que habla es tan importante como la entonación, el modo en que la voz es proyectada hacia el exterior para materializar dicha intención.

UNA CUESTIÓN DE ENTONACIÓN

Considere una sencilla frase como «Me resultas simpático» e imagine dos situaciones límite: en una se encuentra con una persona que le parece atractiva y en otra, con un enemigo. Cierre los ojos y pronuncie esta afirmación en ambas situaciones. La frase es la misma, pero la intención y, por tanto, la entonación tras ambas situaciones serán diferentes. Las mismas palabras, proferidas con una energía diferente, causarán un impacto distinto.

A partir de este pequeño experimento se puede concluir que podemos utilizar nuestra voz con fines positivos o para crear el efecto opuesto; de esta manera, parece que naturalmente la voz humana es el instrumento más potente para expresar entonaciones que pueden asociarse a cualquier intención.

PÁGINA DE APUNTES

- El buen uso de la voz requiere una correcta respiración.

- Se considera un modo correcto de respirar el que se apoya en la zona abdominal del cuerpo.

- El secreto de la pronunciación clara y comprensible está en la buena articulación.

- Un buen orador se preocupa por variar la velocidad, el tono y el volumen para hacer que su intervención no resulte monótona.

- Las pausas son un instrumento comunicativo muy eficaz: ¡usémoslas!

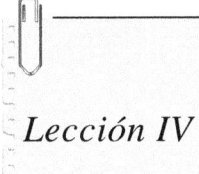

Lección IV

LENGUAJE CORPORAL

«En las poses, las posiciones y las posturas que adopta, en cada gesto, el organismo habla con un lenguaje que anticipa y trasciende la expresión verbal» (A. Lowen).

En un estudio realizado en 1967, el doctor Albert Mehrabian afirma que somos percibidos por los demás en un 55 % de forma visual, un 38 % a través del modo de hablar y sólo un 7 % por el contenido de las palabras.

Estas palabras equivalen, a decir que la impresión que causamos en el público, en los demás, se debe principalmente a la postura, la mirada, los gestos...

Por otra parte, el lenguaje corporal es la primera forma de comunicación que el ser humano experimenta. Como nos recuerda Ch. Darwin, «la mímica del rostro y del cuerpo es la primera forma de comunicación entre madre e hijo [...]. La mímica da vida a nuestras palabras y les confiere más intensidad. Más que las palabras, que pueden ser falsas, revela los pensamientos y las intenciones ajenas».

Los mensajes del cuerpo son, por tanto, más inmediatos y sinceros. Y todos nosotros, a pesar de carecer de instrumentos de decodificación e interpretación de dichos mensajes, tendemos instintivamente a dar mayor crédito a aquello que el interlocutor nos comunica mediante el lenguaje no verbal.

«¡El oprobio sobre ella! Sus ojos, sus mejillas, sus labios e incluso sus pies lo dicen claramente; su espíritu lascivo aflora en sus gestos y en cada uno de sus movimientos» (Ulises en Troilo y Cresida, 4, 5, *de W. Shakespeare).*

«No me desagrada tanto el contenido como la forma de su discurso» (Octavio en Antonio y Cleopatra, 2, 2, *de W. Shakespeare).*

LA FORMA TAMBIÉN ES CONTENIDO

Esas dos citas, extraídas de dos textos teatrales de Shakespeare, conducen a la siguiente observación: el modo de comunicar forma parte del contenido. En comunicación, la forma es contenido. El modo de comunicar comunica. Y lo hace de manera irresistible.

La capacidad para leer e interpretar los mensajes corporales puede resultar muy útil al orador, porque le ofrece la posibilidad de captar el nivel de consenso que sus palabras están —o no están— generando. La observación de los signos no verbales tiene una importancia extrema en aquellas intervenciones en las que no está prevista una fase de relación directa con el público.

«La persona que tiene ojos para ver y orejas para oír puede convencerse de que ningún mortal puede conservar un secreto. Si sus labios callan, desvela el secreto con la punta de los dedos; lo desvela por cada uno de sus poros» (S. Freud).

Tú, público, no me hables, con palabras, porque en realidad tu cuerpo me habla, ¡y de qué manera! Si te observo, si estoy sobre ti, si estoy «sobre la presa» (expresiones que he oído de labios de algunos vendedores y que creo que transmiten bien la idea de estar intensamente concentrado en lo que sucede), tengo la posibilidad de captar las silenciosas y elocuentes señales que me envías. Tengo la posibilidad de cambiar la ruta, de valorar cualquier cosa que me has dicho —con los ojos, con la postura, con las manos— que es importante para ti, precisar cualquier aspecto que, me doy cuenta, resulta algo farragoso, complejo...

UNA VISIÓN DE CONJUNTO

Naturalmente, analizar un solo elemento, un único aspecto del lenguaje corporal, no es suficiente; es más, puede resultar equívoco. Una determinada postura puede decirnos muchas cosas, puede ofrecernos indicaciones incluso contradictorias y divergentes. Así pues, un correcto análisis implica considerar varias señales conjuntamente. Nuestra mirada sobre el público debe ser atenta para lograr la interpretación adecuada.

Por otra parte, el conocimiento de sus propios mecanismos de comunicación de carácter no verbal permite al orador utilizar dicho instrumento expresivo con ventaja, le ofrece la posibilidad de revalorizar el contenido de su mensaje adoptando un lenguaje corporal coherente.

El público conoce al orador, interpreta las palabras a través de su acción corporal. Su credibilidad, el *ethos*, y su adecuación a los contenidos, el *pathos*, llegarán al público a través del lenguaje no verbal.

Postura física, emotiva y de pensamiento

«Los movimientos del cuerpo llaman la atención sobre las características más profundas y los procesos innatos que influyen en nuestro comportamiento interpersonal» (*Luft*, Psicología y comunicación).

Con estas palabras nos hace reflexionar sobre la capacidad expresiva y reveladora de uno mismo que se halla contenida en el mensaje corporal. El modo de ocupar el espacio, los movimientos de nuestras manos y las acciones corporales nos permiten explicar al mundo quiénes somos, nuestros pensamientos, las emociones que sentimos, lo que nos gusta y lo que nos desagrada. El cuerpo es un instrumento de comunicación de uno mismo, y de uno mismo con los demás, de indudable eficacia.

«El modo de moverse y de comportarse está a su vez inextricablemente unido a determinadas formas de pensar y de sentir, hasta tal punto que a veces la persona no logra cambiar ni la forma de sus pensamientos, ni la de sus sentimientos, sin modificar su postura física. Esto significa que podremos llamar "postura" también a las formas de los pensamientos y de los sentimientos» (Alschitz).

Y lo que da buenos resultados frente al público es precisamente la congruencia entre la postura física y la emotiva y de pensamiento, siguiendo la metáfora de Alschitz: ¡la congruencia vence y convence!

Hamlet. ¿A qué venís a Elsinor?
Rosencrantz. A visitaros, señor; no con otro motivo.
Hamlet. ... ¿No os han mandado venir? ¿Es por vuestro propio impulso? ¿Es una visita espontánea? A ver, a ver, explayaos conmigo. Vamos, vamos; hablad, pues.
Guildenstern. ¿Qué hemos de deciros, señor?
Hamlet. Pues cualquier cosa, pero que venga a cuento. Vosotros habéis sido enviados, y hay una especie de confesión en vuestra mirada que vuestra timidez no tiene maña bastante para encubrir. Sé que el buen rey y la reina os han mandado llamar.
(*Hamlet*, 2, 8).

La incongruencia se muestra, se deja entrever y no posee ningún poder de persuasión. A veces se debe simplemente a la inseguridad, y no a una voluntad de engañar al interlocutor, pero la lectura que puede realizar el público es la misma. La interpretación de los mensajes no verbales, por tanto, puede ser incorrecta. Consciente de esto, el orador tiene que prestar mucha atención a los mensajes que envía, porque estos pueden condicionar la valoración que el público haga de él, etiquetándolo.

Escala de credibilidad

«El lenguaje del movimiento puede ser más preciso y profundo que el de las palabras; naturalmente también puede ser más oscuro. Se necesitan años de experiencia y mucha habilidad para enmascarar el lenguaje del cuerpo. Raramente se logra de forma completa y los mensajes consiguen llegar al destinatario» (J. Luft).

Las informaciones de carácter no verbal que escapan a nuestro control son múltiples.

En particular, podemos identificar una especie de jerarquía, una «escala de credibilidad», en relación con la veracidad de los signos no verbales y su interpretación.

1. En primera posición, en términos de credibilidad, podemos colocar las señales automáticas. Dado que no dependen de nosotros —pensemos en ruborizarse o palidecer—, deben considerarse las más seguras.

2. A continuación, se hallan las señales producidas por las piernas y los pies. Son precisamente las zonas más alejadas del rostro aquellas que se gobiernan con más dificultad, y, por otra parte, también las que se vigilan menos, sin olvidar que a menudo están ocultas por las mesas. El pie que golpea el suelo, las patadas al aire, repetidos cruces de piernas...

3. Siguen las señales ofrecidas por los desplazamientos de tronco, que ofrecen un buen nivel de veracidad. No es posible mantener durante mucho tiempo el control del torso, que expresa el estado de tensión de todo el cuerpo. Si una persona se aburre con el discurso, se cansará de mantener la posición erguida propia de quien sigue con interés; por el contrario, quien muestra interés y excitación difícilmente adoptará una posición de abandono.

4. La gestualidad es algo menos veraz que las partes del cuerpo que hemos analizado, porque es, en cierta medida, controlable, aunque buena parte de los signos gestuales son inconscientes.

5. En el nivel más bajo de la escala jerárquica en lo que concierne a la veracidad se encuentra la expresión del rostro, la más manipulable, aunque, si se presta mucha atención, también las señales del rostro pueden ofrecer indicaciones interesantes sobre la coherencia comunicativa (D. Morris).

LA PRIMERA IMPRESIÓN ES LA QUE VALE

Como ya he señalado anteriormente, en los primeros segundos frente al público, los presentes se formarán una idea de nosotros, sacarán una impresión que influirá en la posterior valoración que hagan de nuestra persona y de nuestro discurso. La primera impresión, por tanto, es decisiva, o por lo menos capaz de influir de manera sustancial en el curso de la conferencia.

Estudios realizados en la Universidad de Harvard han llegado a la conclusión de que, durante los treinta primeros segundos de un encuentro, se forman de manera intuitiva la mayor parte de las impresiones que después serán convalidadas. Se considera que dicha capacidad puede ser una reliquia de un antiquísimo sistema de identificación del peligro (D. Goleman).

Sin duda, las palabras que elijamos para comenzar contribuirán a formar esta primera impresión, pero lo hará de manera más importante el lenguaje de nuestro cuerpo. El modo de caminar, la postura, la dirección de la mirada, la firmeza de la voz, el vestuario son los aspectos que se valoran principalmente al comenzar la intervención.

PRÉSENCE: UN MODO DE «ESTAR» EN SITUACIÓN

> *«Presencia quiere decir compromiso absoluto con relación al momento que se vive» (Peter Brook).*

Hace años, durante una conferencia de prensa, se le preguntó a Giorgio Strelher, el conocido director, cómo era posible que una actriz que durante un espectáculo salía de entre bastidores con un jarrón entre las manos, y lo colocaba sobre una mesa, abandonando a continuación el escenario, recibiese cada noche un aplauso durante la escena. La respuesta fue que se trataba de *présence*.

Présence, es decir, estar plenamente en situación. Atento a uno mismo, al papel que se interpreta, a la historia que se está desarrollando, a lo que sucede en el entorno, a lo que sucede en la sala. Estar «aquí y ahora».

El resultado final es un tipo de presencia superior, la misma que requiere el orador.

La postura: cómo transmitir una imagen de fuerza y estabilidad

Postura, es decir, cómo «estamos» en el espacio. El cuerpo puede ser extremadamente comunicativo al adoptar posturas diversas. Sin duda, el hecho de estar de pie ofrece la posibilidad de utilizar con mayor amplitud el cuerpo y llegar al público de manera más enérgica. Por ello, si se puede elegir, es preferible decidir hablar de pie.

Existe otra razón para preferir la postura vertical y nos la ofrece el psicolingüista Alfred A. Tomatis, conocido por las técnicas para reeducar la atención y la comunicación. Tomatis subraya que el ser humano no se limita a escuchar con los oídos, sino que lo hace con toda la superficie cutánea.

«Existe una auténtica geografía de la sensibilidad cutánea para escuchar. Mediante "audiogramas cutáneos", o "dermogramas", se han identificado las zonas más sensibles a la escucha. La piel reacciona incluso con tan sólo 10 o 15 decibelios. [...] La captación del entorno sólo es posible si se adopta la postura correcta, es decir, erguida. [...] Precisamente es la parte anterior del epitelio dérmico la que dispone de más fibras sensoriales capaces de captar las sensaciones originadas por las presiones acústicas. [...] Sin duda, para ofrecer la mayor superficie de estas regiones, la posición vertical resulta obligada cuando se quiere controlar perfectamente la palabra» (W. Passerini y A. Tomatis).

Si bien la posición erguida se considera adecuada, la que además ayuda a crear y transmitir una imagen de autoridad, estabilidad, control de uno mismo y de la situación es aquella en la que, a la vez que erguidos, estamos con las piernas ligeramente separadas, con una distancia entre los pies de unos 30 cm. En esta posición simétrica el torso y la cabeza aparecen rectos, y el peso está repartido por igual. Esta es la postura que mejor crea en nosotros y en el interlocutor una sensación de dominio y seguridad *(véase la imagen de al lado)*.

Es necesario, sin embargo, evitar separar demasiado las piernas, o correríamos el riesgo de transmitir una imagen de excesivo dominio.

Dicha posición puede resultar agresiva si se acompaña con las manos colocadas en la cintura.

Del mismo modo, es importante evitar el cierre total de las piernas. Esta postura puede debilitar nuestra imagen reduciendo nuestra dimensión psicológica.

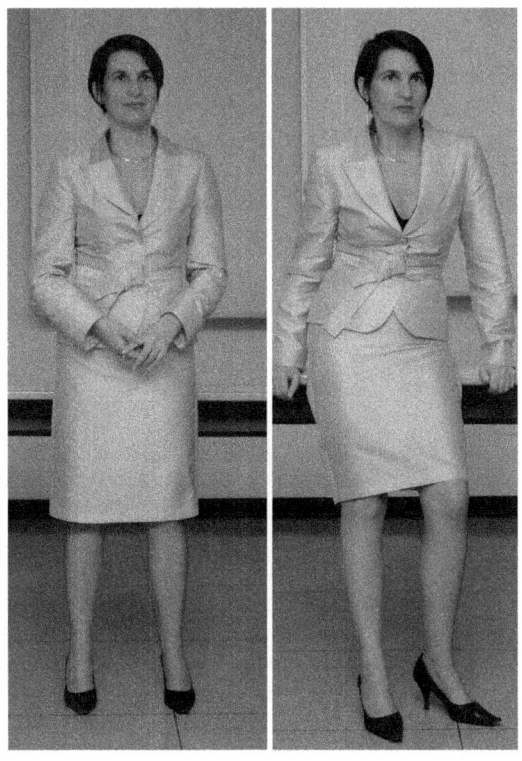

Un elemento interesante que debe tenerse en consideración es la tendencia que algunas personas tienen cuando están de pie a buscar un apoyo.

A menudo, mientras filmo con la videocámara a las personas que participan en los cursos prácticos, alguno se sienta en el escritorio o se apoya en la pizarra. Es también muy frecuente que durante el transcurso de las conferencias, algunos oradores se aferren al atril mientras transmiten el discurso que previamente han preparado.

Aunque sentarse o apoyarse en una mesa en una circunstancia informal puede ser perfectamente congruente con la situación, podría ser útil comprobar si se trata de una de las diversas posturas que se pueden asumir durante una intervención en público o si, por el contrario, representa una necesidad que, literalmente, «sirve de apoyo». Quien se siente seguro de sí mismo y está bien asentado en tierra no debe sentir tal necesidad.

Apoyo, dirección, distancia

Los apoyos

«Tiene los pies firmes sobre la tierra», esta expresión se utiliza para referirse a la solidez, a la estabilidad de una persona. Tiene una connotación ligada a un aspecto de la personalidad, pero, de hecho, alude a algo mucho más concreto, de carácter físico.

Lowen escribe:

> «*El problema de la seguridad emocional de un individuo no puede separarse del problema de su seguridad física, de la firmeza de sus pies sobre el suelo*».

Cuando hablamos de apoyos, nos referimos a la manera en que el peso de todo el cuerpo se descarga sobre el suelo. Desplazar continuamente el peso hacia delante y hacia atrás o bien lateralmente —de un lado a otro— puede transmitir una imagen de inestabilidad y, por tanto, de inseguridad.

Cuando estamos quietos, si queremos ser percibidos como personas seguras de sí mismas, deberemos permanecer realmente quietos y cuando nos movemos, debemos hacerlo de verdad, y, por tanto, ocupar plenamente el espacio que nos rodea. Moverse sin cambiar de lugar, como sucede al modificar los apoyos, no resulta funcional desde el punto de vista comunicativo.

Una sólida posición erguida contribuye, por tanto, a crear una imagen de profesionalidad y concentración.

La dirección

¿Cómo orientar el cuerpo cuando se habla en público? El cuerpo orientado hacia el interlocutor es extremadamente comunicativo. De este modo la comunicación resulta más intensa y franca, de manera que la exigencia de mantener una distancia adecuada *(véase el apartado siguiente)* es todavía más importante.

A menos que el interlocutor lo acepte, aproximarse demasiado a este estando en posición frontal puede ser interpretado como una intrusión en su espacio vital.

Una antigua regla teatral —no aplicada en el teatro contemporáneo— imponía que no debía darse nunca la espalda al público para no crear una ruptura comunicativa. Se trata de una regla que mantiene su vigencia en lo que respecta a hablar en público.

La distancia, es decir, la prosémica

La distancia entre las personas tiene un valor, un significado, desde el punto de vista de las relaciones. De eso se ocupa la prosémica. El término, introducido en el ámbito de la comunicación no verbal por E. Hall, está estrechamente vinculado con el aspecto de la «cercanía»: pensemos en palabras como *proximidad* o *aproximarse*, que están relacionadas con este concepto.

> «Prosémica es el térmico que he acuñado para las observaciones y teorías que conciernen al uso del espacio del hombre, entendido como una específica elaboración de la cultura», escribe E. T. Hall en La dimensión oculta.

El espacio, por tanto, «habla», comunica y dice cosas diferentes en culturas diversas. Reconocer este valor comunicativo de la distancia significa dotarse de un útil instrumento que nos ayuda a interpretar el comportamiento ajeno y valorar el propio.

Las consideraciones que Hall establece acerca del espacio comienzan con el análisis del comportamiento animal. Por lo demás, si bien es cierto que tras la adopción de una distancia y no de otra existen convenciones culturales, también lo es que existe un fuerte componente biológico.

Un concepto que los estudiosos del mundo animal —y con ellos Hall— consideran básico en el estudio del comportamiento animal es el de la territorialidad, entendida como defensa de los predadores, como «ámbito de seguridad doméstica», como definición de un «espacio propio de cada individuo». Y de ahí surge la definición de distancia, que es diferente en función de si el animal encuentra individuos de su propia especie (distancia personal y social) o de otra diferente (distancia de fuga, crítica).

Al igual que los animales, también el hombre tiene un modo uniforme de «mantenerse a distancia» de sus semejantes. Hall ha definido este modo caracterizando cuatro tipos de distancia: íntima, personal, social y pública. Cada una de ellas prevé una zona de proximidad y una de separación. Naturalmente, estas dimensiones pueden variar dependiendo de las características de cada cual, de los factores ambientales y de la cultura del país de origen. En los países árabes, por ejemplo, las distancias son mucho más próximas que en Occidente. Adoptar la distancia «adecuada» durante las relaciones con los demás requiere sensibilidad y atención. Al respecto, me viene a la mente la conocida metáfora de los puercoespines de Schopenhauer.

«En una fría mañana de invierno un grupo de puercoespines se refugió en una gruta y para protegerse del frío se apretujaron. Sin embargo, pronto sintieron las espinas recíprocas y el dolor les obligó a separarse. Cuando más tarde la necesidad de calentarse les llevó a acercarse de nuevo, volvieron a pincharse. Repitieron varias veces estos intentos, alternando entre ambos males, hasta que hallaron la distancia media que representaba la mejor posición, la que les permitía calentarse y al mismo tiempo no dañarse recíprocamente».

La distancia, física y psicológica, más adecuada en nuestras relaciones es fruto de los acercamientos y alejamientos, como nos sugiere el cuento de Schopenhauer.

Distancia íntima. Nuestro límite corporal no se sitúa en la piel. De hecho, llevamos unida una especie de burbuja —*bubble*, como la denominan los autores americanos— que representa un espacio considerado como propio, privado, «íntimo» precisamente.

Entrar en el espacio íntimo de otra persona aproximándose a ella más de lo debido, o intentando un contacto físico que no haya sido autorizado, puede ser un comportamiento claramente agresivo.

Pero ¿qué significa «más de lo debido»? Según Hall, el espacio íntimo va desde la superficie corporal hasta 45 cm, aproximadamente la longitud del antebrazo (distancia de proximidad: 0-15 cm; distancia de lejanía: 15-45 cm). La condición indispensable para permitir a otro entrar en la zona íntima es la confianza. Respetar el espacio íntimo del otro equivale a respetar a la persona.

Distancia personal. Es el término que indica «la distancia que separa entre sí convenientemente a los miembros de una especie que sigue el principio de no contacto» y corresponde a una distancia comprendida entre 45 y 120 cm (distancia de proximidad: 45-75 cm; distancia de lejanía: 75-120 cm). Comienza donde termina la zona íntima.

En nuestra cultura, las relaciones con amigos y conocidos se establecen aproximadamente a una distancia de 70 cm; se incluyen de este modo, por derecho propio, en la distancia personal.

Distancia social. Va de 120 a 360 cm (distancia de proximidad: 120-210 cm; distancia de lejanía: 210-360 cm) y es la que se mantiene generalmente con personas con las que se establece una relación de tipo formal, si bien entre la distancia de proximidad y la de lejanía existen diferencias bastante precisas.

En la distancia de mayor proximidad se sitúan a menudo las personas que trabajan juntas. Es la zona en la que debería situarse un jefe, a menos que la relación sea especialmente estrecha.

Distancia pública. La distancia pública es la que va más allá de 360 cm (distancia de proximidad: 360-750 cm; distancia de lejanía: 750-... cm). Se colocan en este radio intervenciones en público con un número elevado de participantes y, ocasionalmente, con el orador en pie en un escenario. En estos casos, la postura del cuerpo, visto por completo y con un espacio a su alrededor, adquiere un peso muy importante. Para que la eficacia comunicativa no se vea reducida a causa de la distancia, debe ponerse mayor énfasis en los gestos e impostar especialmente la voz.

Barreras prosémicas

Hace varios años me encontré participando como actriz en una película formativa para una gran empresa de seguros. Estaba destinada al circuito interno y debía contribuir a la mejora profesional de los agentes.

En una escena en la que interpretaba a una agente de seguros, me encontraba sentada en mi escritorio y, al llegar un cliente, me levantaba de la silla, rodeaba el escritorio, iba a su encuentro y lo saludaba cordialmente estrechándole la mano. Acababa de derribar la barrera prosémica —el escritorio— que se interponía entre nosotros, comunicando de este modo al cliente, en el plano no verbal, la voluntad de acortar las distancias y situarme en su propio nivel.

Desde el punto de vista gestual, mantener los brazos cruzados adquiere el valor de barrera prosémica. El gesto, que podemos observar cuando experimentamos una situación que nos hace sentir indefensos —¿y hablar en público no es quizás una de estas ocasiones?—, manifiesta una voluntad de protección que se traduce en interponer algo, los brazos en este caso, entre nosotros y los interlocutores. Si quisiéramos crear una atmósfera informal durante nuestra conferencia, sería conveniente reducir las barreras físicas presentes en el entorno: eliminar el atril, o bien no buscar el amparo tras él, situarse delante y no detrás del escritorio, cuando lo hay, apoyándose o sentándose en caso de especial informalidad.

Durante su intervención en la Convención Nacional Republicana de 1996, Elizabeth Dole, senadora republicana y esposa del senador Bob Dole, utilizó el espacio de manera interesante e inusual. Descendió del escenario y, aproximándose al público, dijo: «La tradición quiere que en las convenciones nacionales republicanas los oradores permanezcan en este prestigioso podio. Prefiero romper con la tradición por dos razones. Quiero hablar a mis amigos y quiero hacerlo del hombre a quien amo. Es más agradable para mí hacerlo aquí abajo con vosotros», conquistando de este modo el favor del público presente y del que estaba en casa.

Las anclas espaciales

«Anclar significa establecer expectativas respecto a las cosas que podrían suceder» (T. James y D. Shephard).

Este proceso puede adoptar varios aspectos. Se puede decidir establecer, en un determinado espacio, lugares destinados a tratar un determinado aspecto de la cuestión, por lo que existirá el espacio de la estadística y el de las metáforas, el espacio de las teorías y el de la experiencia vital...

En una ocasión asistí a un taller sobre el uso de la metáfora en la formación. Cada vez que la instructora se disponía a narrar una metáfora, se situaba en un lugar preciso del aula, y a continuación comenzaba a explicarla. Para los alumnos, al poco tiempo, la asociación se convirtió en automática: cuando la profesora se dirigía hacia aquel lugar, sabíamos que era el momento de la metáfora, incluso antes de que comenzase a hablar.

Podemos decidir que, cuando queramos crear una relación más íntima con el público, tomaremos una silla, nos acercaremos a los presentes y nos sentaremos. En suma, crearemos una relación entre posición, acción y clima comunicativo.

Recorrido espacio-temporal

Pero también podemos intervenir sobre un recorrido espacio-temporal. En este caso, el espacio corresponderá al de la memoria, al de la actualidad y al del deseo.

En un recorrido que va de izquierda a derecha (recordando que nuestra referencia es el público y, por tanto, se entiende izquierda y derecha para el público), como por convención se suele representar la línea temporal, podemos conducir a los presentes a través de una narración que, a partir del pasado y a través del presente, llegue hasta el futuro.

«Hace veinte años estábamos tres personas en una sala» (a la izquierda de nuestro público), «ahora» (desplazándonos a una posición central) «somos miles de personas, ocupamos todo un inmueble y hemos multiplicado por diez nuestra facturación». Y mientras nos aproximamos a ocupar una posición a la derecha de nuestro público: «Con los recursos de que actualmente disponemos, ¿dónde habremos llegado dentro de cinco años?».

MOVIMIENTO: CÓMO OCUPAR EL ESPACIO

Moverse y permanecer quieto; así como en la escritura los signos de puntuación confieren al texto un ritmo, del mismo modo la capacidad para alternar quietud y movimiento contribuye a dar ritmo a nuestro discurso no verbal.

El movimiento, por otra parte, contribuye a ampliar el espacio psicológico del orador; además de aportar ritmo a la intervención, cuando el orador se mueve en el espacio es percibido como alguien capaz de aportar más afirmación, por cuanto sabe ocupar espacios amplios *(véase la imagen)*.

Como siempre, la regla universal es el equilibrio; por este motivo, moverse en el espacio no debería llegar a distraer la atención del contenido verbal del discurso. Recordaré siempre a un orador dotado por la naturaleza de un par de piernas tan largas que, durante su intervención, recorría, arriba y abajo, la sala por completo con prodigiosas zancadas de manera continua; creaba la sensación de encontrarse en alta mar entre agitadas aguas.

La dimensión psicológica

La situación espacial puede adoptar significados evocadores de una dimensión psicológica, además de física. Durante los años en que desarrollé mi actividad como actriz, intervine en la puesta en escena de un texto de Pirandello, *Así es (si así os parece)*.

La directora había elaborado la puesta en escena a partir de una sugerencia extraída de la lectura de un ensayo de Giovanni Macchia titulado *Pirandello o la stanza della tortura*. En la lectura crítica de Macchia, el interior burgués en el que se desarrolla el drama se asemeja en realidad a una sala de tribunal —la sala de tortura— donde los protagonistas son observados, enjuiciados, analizados, brutalmente «viviseccionados» hasta los rincones más ocultos e íntimos del alma.

«Asistimos a una de las más intensas expresiones de teatro pirandelliano: el "personaje martirizado". Sometido a la violenta y vil incriminación burguesa, a un proceso, un interrogatorio, como si de una parte se encontrasen los jueces y de otra hombres desarmados, bañados por una luz que rechazan; ellos son "la víctima". Y el escenario se convierte en un lugar de tortura, donde unos se encarnizan con los otros».

¿Cómo creó la directora este interior burgués-sala de tribunal? En la puesta en escena los personajes «martirizados» fueron obligados a mantener una inmovilidad insólita y antinatural.

PARA QUÉ SIRVE MOVERSE

- Para modificar la perspectiva de nuestro público.
- Para establecer una relación incluso física con el público.
- Para variar el ritmo del discurso.
- Para mantener la atención de la audiencia.
- Para despertar emociones.

Este ser víctimas inocentes llevadas al matadero se traduce en términos espaciales en una limitación del movimiento: en torno a ellos se construyó una jaula virtual que los anclaba en el espacio. Prisioneros del espacio. Prisioneros de la morbosa curiosidad de las «personas de bien».

La elección entre permanecer quietos o movernos dependerá también de lo que intentemos decir en la situación. Por ejemplo, cuando estamos a punto de tratar un elemento clave de nuestra disertación, puede resultar más eficaz detenerse, mirar al público haciendo una pausa de silencio y decir entonces lo que deseamos. En este caso, la inmovilidad realzará el contenido.

LA EXPRESIVIDAD DEL GESTO

«La importancia que los gestos tienen para un orador resulta evidente en el hecho de que pueden expresarse muchísimos conceptos incluso sin utilizar las palabras».

¿Es el gesto una forma de lenguaje en sí mismo, como nos recuerda Quintiliano, o un instrumento para confirmar, reforzar, subrayar lo que nuestras palabras dicen? Ambas cosas son ciertas, dependiendo del momento y de la intención comunicativa.

El uso de los gestos a menudo es considerado como un factor crítico por las personas que asisten a mis cursos de hablar en público. ¿Dónde deben colocarse las manos? ¿Es preferible gesticular o poner freno a los gestos?

Estas son algunas de las preguntas que escucho cuando afronto el tema de la gestualidad.

Aunque de manera habitual todos utilizamos de forma eficaz nuestra gestualidad, cuando nos encontramos frente a un público el uso de las manos y los gestos pierde naturalidad y espontaneidad. ¿Cómo podemos resolver el problema? ¿Qué función deben tener las manos?

Comenzaremos diciendo que las manos son un instrumento comunicativo formidable y que no utilizarlas significa privarse de fuerza expresiva.

«Sus manos piden y prometen, llaman y despiden; interpretan el horror, el miedo, la alegría, la tristeza, la excitación, la confesión, el arrepentimiento, el recato, el abandono, el número y el tiempo. Excitan y calman, imploran y aprueban, tienen un poder de imitación que sustituye a la palabra. Para evocar la enfermedad simulan el gesto del médico que comprueba el pulso, para sugerir la música disponen los dedos a semejanza de quien toca la lira».

Las manos, nos dice Quintiliano, permiten expresar estados de ánimo, pueden suscitar emociones, son capaces de representar los más diversos aspectos de la realidad. Esto explica por qué, en general, se sugiere no tener los brazos cruzados, las manos en los bolsillos o detrás de la espalda.

En parte todas estas posturas pueden mostrar el malestar que el hecho de encontrarnos en esta situación crea en nosotros, pero sobre todo nos privan del extraordinario poder expresivo que proporciona el gesto.

«En lo que respecta a las manos, sin las cuales nuestro discurso se vería mutilado y falto de fuerza, es difícil decir de cuántas maneras pueden moverse, desde el momento en que existen tantas como palabras» (Quintiliano).

Otra función encomendada a las manos consiste en acentuar, dar énfasis a nuestro discurso. Y, sin duda, los oradores las utilizan de manera instintiva.

Veamos algunos ejemplos.

• El puño alzado confiere más fuerza al concepto expresado por el orador *(imagen 1)*.

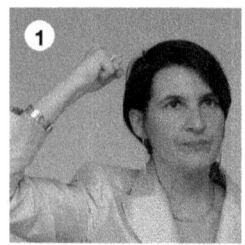

• El dedo índice apuntado directamente al público adquiere un valor casi acusatorio y, en consecuencia, agresivo *(imagen 2)*.

• El índice dirigido hacia arriba —moviéndose en gesto de admonición— se convierte en un gesto de amenaza *(imagen 3)*.

• Las palmas de las manos: dirigidas hacia abajo es como si mantuviesen a raya al público; hacia arriba solicitan el apoyo del público; hacia dentro delimitan el concepto expresado; y hacia fuera es como si empujasen algo o a alguien *(imagen 4)*.

• El gesto de coger con fuerza, con el brazo dirigido hacia el público y la mano «aferrando el aire» —los dedos separados y ligeramente doblados— expresa un intento de control. Se trata de un gesto que realizaba muy a menudo el presidente francés De Gaulle *(imagen 5)*.

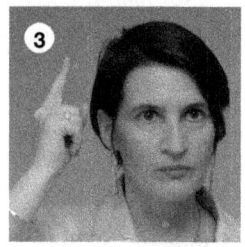

• El gesto de coger con precisión, utilizado cuando se desea expresar un concepto de manera muy detallada, consiste en unir las puntas de los dedos índice y pulgar (D. Morris).

Por tanto, retomando la pregunta de si es preferible utilizar o no las manos, los gestos, la respuesta es sin duda que es mejor hacerlo.

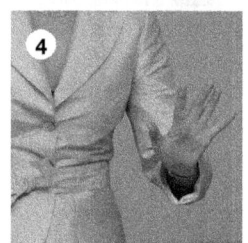

«Ni manotees así acuchillando el aire; moderación en todo, puesto que aun en el torrente, la tempestad y, por mejor decir, el huracán de las pasiones se debe conservar aquella templanza que hace suave y elegante la expresión».

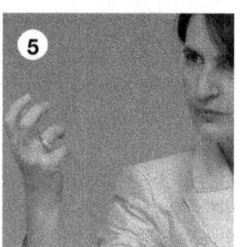

En *Hamlet* Shakespeare da indicaciones sobre el modo de actuar y, entre estas, a propósito del gesto, invita a la mesura y a la «templanza». Sin duda este es un criterio general que debe tenerse presente en todos los casos, aunque vale la pena añadir alguna reflexión.

En primer lugar, no es lo mismo hablar a una platea con centenares de personas que a un grupo reducido. Con toda probabilidad, el primer caso requerirá un mayor énfasis en los gestos.

Además, el lenguaje gestual cambia si el objetivo de la comunicación es de carácter más informativo o bien emotivo. Y, además, si la situación es formal, la gestualidad será mucho más reducida y controlada que en un discurso informal; si el público está compuesto por extranjeros procedentes de países en los que la expresión gestual es mucho más comedida, podría resultar útil adoptar un registro comunicativo más acorde con las características expresivas de los presentes.

PRECISIÓN, LIMPIEZA Y ÉNFASIS GESTUAL

La *commedia dell'arte* representa una escuela muy rigurosa en lo que concierne al uso de la gestualidad. El gesto de los cómicos del arte, efectivamente, está muy condicionado por las características de la máscara que adoptan y es, al mismo tiempo, muy descriptivo, distinguido por un elevado nivel de precisión. Las historias que la *commedia dell'arte* explica son narradas a la vez a través de dos canales: el verbal y el no verbal. Las compañías de estos cómicos recorrían a lo largo y ancho Italia y Europa, y tenían necesidad de hacerse comprender a pesar de las diferencias lingüísticas. El gesto adquiría de este modo un valor comunicativo de principal importancia: llegaba allí donde la palabra no alcanzaba. El orador debería situarse idealmente en la escuela de estos cómicos y seguir sus enseñanzas.

Si, como ya hemos subrayado, el gesto tiene un valor comunicativo en sí mismo, además de en relación con la palabra, es necesario que sea expresivo, claramente legible e interpretable por parte del público, tanto como lo es el lenguaje hablado.

Atención y limpieza del gesto

En algunas situaciones el gesto puede contribuir a aclarar el concepto: son aquellas en las que mediante este definimos formas, dimensiones, números y direcciones. En estos casos, dado que se hace referencia a conceptos que pueden ser medidos y definidos con precisión, la limpieza del gesto es especialmente importante.

En un curso de formación pude observar cómo la mayor parte de los participantes se dieron cuenta de que un compañero, tras haber anunciado que trataría tres puntos para explicar su tesis, indicándolo con un gesto de la mano, se olvidó de hacerlo con uno de los puntos analizados. En efecto, había mostrado el pulgar para anunciar el primer punto de la disertación y pulgar e índice para el segundo, pero se había limitado a introducir el tercero sólo con la palabra: casi todo el público se había dado cuenta y había registrado esta imprecisión gestual.

Para comprobar la calidad expresiva y comunicativa de nuestros gestos es conveniente probar el discurso frente a un espejo, o grabarse con una videocámara. De este modo podremos mejorar, hasta que nuestros gestos sean muy claros y precisos.

Calidad del gesto

Los gestos intensos y expresivos se desarrollan desde los hombros, y no desde los codos. No hay nada más desagradable que ver personas que tienen los brazos unidos al torso y se limitan a mover los antebrazos.

En lo que respecta a la calidad del gesto, debe tenerse en cuenta también la mayor o menor amplitud del mismo. Un gesto amplio es capaz de conferir más *pathos* y de enfatizar el contenido. Efectuados con lentitud, los movimientos de grandes dimensiones otorgan solemnidad al orador, mientras que si se realizan con más rapidez, transmiten pasión y arrebato. Cuando se trabaja con emociones intensas, también los gestos se amplifican.

Los gestos reducidos provocan el efecto contrario. Indican comedimiento, reserva y discreción, aunque se pueden usar en momentos de gran tensión emocional, en los que un pequeño gesto resulta amplificado debido al clima emotivo en el que se sitúa.

EJERCICIOS

Mediante una serie de ejercicios, nos ocuparemos de las manos, un extraordinario instrumento que a veces consideramos un estorbo, pero que puede constituir una auténtica prolongación del corazón y el cerebro.

EJERCICIOS PARA MEJORAR LA MOVILIDAD DE LAS MANOS

Articulación de la muñeca
Para flexibilizar la articulación de la muñeca, extienda las manos y los antebrazos, y flexione la muñeca hacia arriba y hacia abajo, a la izquierda y a la derecha. Tras realizar estos movimientos durante algunos minutos,

efectúe una rotación completa de las manos en torno a las muñecas, primero en un sentido y después en el opuesto, primero a la derecha y después a la izquierda. Repita a continuación el ejercicio con ambas manos a la vez, rotando primero en el mismo sentido y después en sentido contrario.

Apertura y cierre de las manos
Comience el ejercicio cerrando el puño de la mano derecha; ábrala lentamente, distendiendo y separando los dedos, y a continuación cierre de nuevo el puño. Efectúe el ejercicio varias veces y pase a la mano izquierda. Repita el movimiento de cierre y apertura de ambas manos a la vez. Finalmente, alterne el movimiento de apertura y cierre: cuando la mano derecha se extiende, la izquierda cierra el puño y al contrario.

Manos en reposo
Deje las manos abandonadas de manera que caigan hacia abajo sin ningún tipo de tensión. Dando impulso a los antebrazos, «lance» las manos con diferentes ritmos y movimientos.

Movimientos de los dedos
Mueva de diversos modos las 28 articulaciones de los dedos. Mantenga las manos elevadas y estiradas, doble y alce un dedo cada vez intentando mover lo menos posible los demás dedos.

Ejercicios descriptivos

Geometría
Describa con las manos, del modo más preciso posible, diferentes figuras geométricas: cuadrado, círculo, triángulo, cubo, cilindro...

Altura y medidas
Indique con las manos la altura, la posición y el volumen de objetos y personas imaginarios.

Ejercicios para incrementar la capacidad interpretativa de las manos

Sensaciones
Imagine diferentes objetos, tóquelos y reaccione con las manos a la sensación táctil que le suscitan: frío, calor, punzante, viscoso, suave, áspero...
Cuanto más preciso y concreto sea el objeto representado, tanto más fácil le resultará identificar la sensación producida: un cubito de hielo, la piel de un limón, un sillón recubierto de terciopelo...

> **Sentimientos**
> Interprete, utilizando únicamente las manos, sentimientos de diferente tipo: alegría, tristeza, rabia, dolor, amor, gratitud...
>
> **Artes y oficios**
> Existen algunas profesiones y tareas que determinan una gestualidad muy característica. Intente imitar el uso de las manos de un pianista, un vigilante, un cura, un director de orquesta, un jugador de ajedrez o algunas otras profesiones.

COHERENCIA ENTRE PALABRA Y GESTO

«[...] el movimiento de la mano debe comenzar y terminar de manera coherente con el sentido de nuestras palabras» (Quintiliano).

Utilizar una gestualidad coherente significa que aquello que expresamos verbalmente encuentra apoyo y se ve revalidado por los gestos. Así pues, implica que nuestras palabras y nuestros gestos dicen exactamente lo mismo.

Algunos investigadores americanos han intentado definir experimentalmente cuáles son los gestos que revelan una incongruencia entre los aspectos verbal y no verbal.

Principales gestos reveladores

El experimento se basaba en la observación del comportamiento de algunas enfermeras —grabadas en todo momento con cámara oculta— a las que se había invitado a decir la verdad en algunos momentos y a mentir en otros en relación con una serie de imágenes que se les habían mostrado (alternaban la visión de intervenciones quirúrgicas más bien cruentas con otras situaciones de diferente naturaleza y mucho más agradables).

Incluso en los casos en que las enfermeras parecían hábiles mintiendo, se observaban pequeñas diferencias entre las afirmaciones sinceras y las falsas.

1. En primer lugar, cuando mentían, se percibía una mayor rigidez de las manos. Evidentemente el conocimiento inconsciente de que, escapando en parte a nuestro control, las manos pudiesen revelar algo que no querríamos que saliese a la luz llevaba a las enfermeras a moverlas menos de lo que normalmente habrían hecho.

2. En segundo lugar, en el caso de mentir, se verificaba un mayor contacto de la mano con el rostro. Todos solemos tocarnos la cara durante una conversación, pero con mucha menos frecuencia que en el caso de un engaño. Los gestos más reveladores suelen ser: taparse la boca (si se están pronunciando falsedades, involuntariamente el sujeto se tapa la boca, que es la responsable), tocarse la nariz (interpretado como desviación del acto de taparse la boca o como resultado de la sensación de prurito debido al aumento de la tensión que la conciencia de la mentira provoca), rascarse una ceja, frotarse la mejilla, arreglarse el cabello *(véase la imagen superior).*

3. Mientras mentían, las enfermeras movían más el cuerpo. El malestar producido por el engaño se expresaba mediante desplazamientos corporales casi imperceptibles, auténticas muestras de inquietud.

4. Cuando mentían, además, agitaban con más frecuencia la mano.

5. Para finalizar, la mentira llevaba a las enfermeras a manifestar expresiones del rostro casi idénticas a las adoptadas en los momentos de sinceridad. Naturalmente, ese «casi» deja al observador experto un espacio para captar leves diferencias.

Resulta evidente que no sólo la mentira voluntaria produce estas diferencias en el lenguaje no verbal. Afrontar una situación difícil —podría ser el caso del orador que experimenta una cierta dosis de ansiedad al tener que presentarse ante el público si al mismo tiempo desea controlar su estado de ánimo— puede ser suficiente para producir señales de este tipo (D. Morris). El orador debería prestar particular atención a controlar sus propias descargas de tensión para no manifestar y transmitir al público su ansiedad.

> *«La acción debe corresponder a la palabra, y esta, a la acción, cuidando siempre de no atropellar la simplicidad de la naturaleza. No hay defecto que más se oponga al fin de la representación, que desde el principio hasta ahora ha sido y es ofrecer a la naturaleza un espejo en que vea la virtud su propia forma, el vicio su imagen, cada nación y cada siglo sus principales caracteres»* (W. Shakespeare, Hamlet*).*

SIGNOS DE TENSIÓN Y MOLESTIA

Deglución injustificada
Aclararse la voz
Toser
Aflojarse la corbata
Brazos o piernas cruzados
Buscar apoyo
Jugar con el lápiz o la pluma
Desviar la mirada
Mantener las manos en los bolsillos
Jugar con una moneda en el bolsillo
Taparse la boca con la mano mientras se habla

SIGNOS DE APERTURA Y COMODIDAD

Quitarse la chaqueta
Quitarse las gafas
Arremangarse
Abrir las manos
Desabrocharse un botón de la camisa

LA MIRADA: PUNTO DE ENCUENTRO

El contacto visual tiene una importancia crucial para establecer una relación. Simmel escribió en 1921: «La unión e interacción de los individuos se basa en las miradas recíprocas. Estas son quizá la forma más directa y pura de reciprocidad que pueda existir». Mediante las miradas, así como a través de los silencios, podemos decir muchas cosas. Hablar sobre nosotros. Y sobre nuestra relación con los demás.

«Sobre todo a través de la mirada se exterioriza el alma»
(Quintiliano).

Mirar a los ojos a los interlocutores, uno por uno (cuando su número lo permite), deteniéndose en cada uno durante unos segundos. Establecer relación con cada uno de ellos: esa es la razón de mirarlos.

Con este fin, antes de comenzar a hablar, puede ser conveniente barrer con la mirada al público, crear un contacto visual antes de comenzar la intervención. De este modo enviaremos el mensaje de que estamos contentos de estar allí.

No sólo mirar...

Este comienzo lleno de instantes de silencio, durante el cual se establece un contacto mutuo con la mirada, tendrá una notable fuerza comunicativa. Y cada segundo que pase incrementará el atractivo del discurso introductorio.

Con la mirada dirigida al público y constantemente renovada comunicamos a los presentes la consideración que nos producen, consideración que, del latín *cum-sidere*, «con las estrellas», significa literalmente «llevar al otro a las estrellas». «Eres importante para mí, quiero que comprendas lo que digo, quiero que te resulte útil. Te miro porque estoy aquí por ti, no para demostrar mi elocuencia», parecerá que decimos a cada uno de los presentes.

De este modo, además, la ansiedad, la angustia que a menudo acompaña al hecho de hablar en público desaparecerá como por encanto. Si me «ocupo» de ti, no tendré tiempo de pensar en mis miedos. Toda mi atención estará concentrada en el modo mejor de transmitir el mensaje, de hacértelo llegar de la manera más clara, atractiva y eficaz.

... SINO VER

Procure no hacer sólo un *scanning* «escaneo, análisis, exploración», término inglés que indica una mirada demasiado rápida sin establecer contacto con nadie. No basta con mirar, es necesario ver, contactar realmente con los presentes. Y esto requiere que se mantenga el contacto visual durante algunos instantes con cada uno de ellos.

Si cruzar la mirada con cada uno es sencillo cuando el grupo es reducido, no lo es tanto cuando la platea es muy amplia. Se sugiere, en estos casos, subdividir idealmente la sala en porciones y deslizar la mirada sobre cada una de ellas.

«Es como si sus ojos estuviesen dotados de manos, porque te aferran y te estrechan», escribió el escritor Houston Chamberlain a Hitler en una carta que le envió. Esta capacidad para cautivar, para capturar con la mirada debería formar parte de las virtudes del orador.

EL ARMA BLANCA DE LA SONRISA

«Quien no sabe sonreír no debería abrir un negocio»: este proverbio chino nos dice que la sonrisa «vende», o, mejor, favorece la venta. Podemos añadir: la sonrisa comunica, conquista, seduce, facilita el encuentro... La sonrisa es la expresión de una forma positiva de ver el mundo, de la confianza y apertura con la que nos encaminamos al encuentro del otro.

El análisis transaccional diría que la sonrisa es la manifestación típica de quien afronta las relaciones desde una posición de confianza en sí mismo y en los demás, la mirada de quien piensa: «Yo estoy bien y tu también».

Uno de los signos que indican un estado de ánimo feliz es precisamente la boca cerrada, con las comisuras dirigidas hacia arriba formando una sonrisa, o abierta, con una amplia sonrisa. La felicidad, así como cualquier otra emoción, comunica.

Siempre se sugiere a quien se ocupa de la comunicación telefónica que sonría cuando habla por teléfono. Porque, aunque no se vea, la sonrisa puede percibirse gracias al tono de mayor disponibilidad y simpatía que tendrán las palabras que diga. Si la sonrisa se aconseja incluso cuando la persona no es directamente visible, con mayor razón lo será para quien se presenta ante el público.

Sonreír al inicio de la intervención, después de crear el contacto visual con la audiencia, puede favorecer inmediatamente un ambiente relajado y afable.

EL HÁBITO NO HACE AL MONJE... ¿Y AL ORADOR?

«No existe un modo de vestir característico del orador, pero en un orador es precisamente el vestido el elemento que más se ve» (Quintiliano).

No se trata de un vestuario «determinado», sino de uno «adecuado». El traje cumple una función similar a la del vestuario escénico para un actor. Contribuye a crear al personaje, es decir, se convierte en un instrumento comunicativo de un modo de aparecer y de ser.

La pregunta es: ¿Qué deseo decir con lo que llevo puesto? ¿Qué imagen de mí deseo transmitir?

Es interesante observar que entre las primeras causas de la aparición del vestuario algunos estudiosos hallan un fin decorativo. Antes incluso del aspecto utilitarista vinculado a la necesidad de protección, el vestido parece haber asumido una función ornamental. Como destaca Flügel, «en las poblaciones más primitivas existen individuos despojados de indumentaria, pero no de ornamentos».

NECESIDAD DE DIFERENCIACIÓN

Por otra parte, el ornamento permite la diferenciación. Mediante la decoración del cuerpo, antes, y la adopción de vestuario, después, encontró expresión la necesidad fundamental del ser humano de sentirse único. A dicha necesidad de afirmación de sí mismo como individuo diferente a los demás se vincula el deseo de mostrar, de «comunicar» al grupo al que pertenece sus cualidades personales, sus propias habilidades. Y, además, la edad, el sexo y la función desempeñada en el interior del grupo. Como nos explica Nicola Squicciarino, en las islas de Micronesia se reservaban para el jefe las decoraciones faciales (en zigzag o en gancho) que los otros componentes del grupo podían adoptar sólo en el pecho o la espalda.

El vestido, por tanto, nos «distingue» y habla de nosotros: comunica.

En su novela *El millonario* Mark Fisher aconseja:

«Debes vestir no como quien quiere tener éxito en la vida sino como quien ya lo ha alcanzado. Invierte en tu guardarropa, incluso si para hacerlo debes pedir dinero prestado».

Convencida por las palabras de Fisher, cuando comencé mi nueva profesión —del teatro había pasado a la formación—, decidí invertir en mi imagen y compré de una vez seis elegantes trajes de chaqueta. Como actriz con cierta experiencia —había dedicado varios años a la profesión—, sabía que el personaje se estructura y se construye tanto externa como internamente, y en aquel momento estaba creando mi personaje (deseo recordar que *máscara* significa «persona»): «La profesional seria y competente». Y, desde mis primeros pasos en la nueva tarea, logré transmitir esta sensación de profesionalidad. Recuerdo que, en una empresa donde fui seleccionada para una actividad de consultoría, una persona de la dirección me explicó —cuando la relación ya se había consolidado— que quien me seleccionó tras entrevistarme dijo: «Por fin alguien con los zapatos del mismo color que el bolso». Mi habilidad comunicativa se había visto realzada al complementarla adecuadamente con mi comunicación no verbal: el vestuario.

Naturalmente, como sucede con cualquier otro acto comunicativo, el vestuario adquiere un significado diferente en función del contexto. Una minifalda de piel roja será interpretada de manera diferente si la lleva una profesora en el aula o la misma profesora de noche en una discoteca.

El seguimiento social

El público tiene expectativas con relación a nuestro vestuario, así como las tiene en lo que respecta a nuestro comportamiento en general; en la práctica, existen expectativas sociales relacionadas con la forma en que cada uno debe vestir según el rol que desempeñe.

¿Qué es el seguimiento social? Esta expresión se aplica a la adopción de un modo de comportamiento que tenga en cuenta dichas expectativas sociales y las cumpla. En general, el seguimiento *(véase el capítulo 8)* establece como objetivo la creación de una relación en sintonía con el interlocutor. Y la sintonía se establece con más facilidad allí donde el acento se coloca en los puntos de contacto, en las semejanzas entre quienes establecen comunicación. Como podemos constatar con frecuencia, es más fácil relacionarse con personas que tienen gustos e intereses que compartimos, una sensibilidad similar a la nuestra.

Si lo similar crea sintonía, entonces realizar el seguimiento social equivale a «representarnos», de acuerdo como el público nos representa, y, de este modo, establecer con más facilidad una relación positiva con la audiencia.

Por otra parte, dado que un acto comunicativo siempre tiene una finalidad, un objetivo, puede suceder que nuestro fin requiera que ignoremos el seguimiento como instrumento para la creación de la sintonía. Diciendo esto, pienso en un compañero inglés que me explicó que en una ocasión acudió a una empresa vestido con una camisa hawaiana. Su intención era desconcertar, crear una disonancia cognitiva para provocar una reflexión sobre el cambio...

ALGUNAS SUGERENCIAS PRÁCTICAS

Si, como nos dice Shakespeare en *Hamlet*, en la expresividad es necesario «no atropellar la simplicidad de la naturaleza», podemos considerar como sugerencia válida adoptar en el vestuario un estilo inspirado en el buen gusto y la mesura.

En lo que respecta al hombre, las fórmulas básicas sugieren trajes oscuros —como el tradicional traje gris oscuro— y camisas blancas o de colores claros (las más clásicas, junto con las blancas, siguen siendo las azul celeste). Zapatos negros o marrones.

El vestuario femenino ofrece una gama más amplia de posibilidades, pero, como en el caso del hombre, el criterio de valoración debería respetar los conceptos de simplicidad y austeridad. En situaciones muy formales, el traje de chaqueta de buen corte acompañado con una blusa representa una óptima elección. Si la intervención en público se desarrolla en un ámbito profesional, los zapatos no deberán tener tacones demasiado altos (no más de 7 cm). Si se utilizan joyas, deben ser sencillas y no ruidosas.

Además de apropiados, los vestidos deben resultar confortables para quien los lleva (por confortable se entiende tanto comodidad como adecuación al modo de ser del usuario). Somos nosotros quienes debemos llevar el vestido y no este a nosotros. El mensaje que debemos transmitir es que nos encontramos perfectamente a gusto con esa ropa, sea cual sea.

Página de apuntes

- El cuerpo habla: escuchémoslo y aprendamos a utilizar su lenguaje en nuestro beneficio.

- Una postura estable y erguida contribuye a crear una imagen de competencia y solidez.

- Los gestos hablan, describen y seducen a la platea. Representan un valioso instrumento de comunicación para el orador.

- La sonrisa favorece el desarrollo de una relación distendida y amigable con el público.

- El contacto con la mirada crea y mantiene viva la relación con el público.

- Nuestro aspecto, y por tanto también el vestuario, influye directamente en la interpretación de aquello que decimos. Por tanto, «el hábito hace al monje».

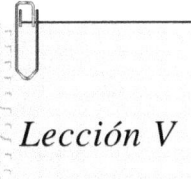

Lección V

TEMPESTAD EMOCIONAL

HABLAR EN PÚBLICO GENERA ESTRÉS

En general, atribuimos a la palabra *estrés* un valor negativo. En realidad, sería más adecuado distinguir entre un estrés negativo *(distress)*, saboteador, que tiene una dimensión conocida por todos, y un estrés *(eustress)* fuente de concentración, atención por la tarea y presencia en el «aquí y ahora». Podemos representar estas dos expresiones del estrés como una U invertida.

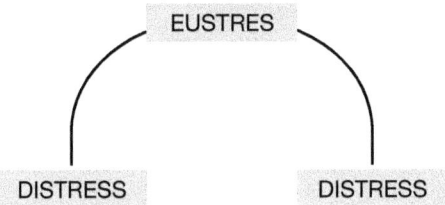

DISTRESS...

El *distress* depende tanto de un exceso como de una carencia de estímulos estresantes. Esta es la razón por la que en la U se representa dos veces. La primera forma de *distress*, en efecto, puede identificarse con un nivel demasiado bajo de estrés, que se traduce en falta de reacción, baja atención por la tarea y dificultad para concentrarse. La segunda forma puede considerarse como un exceso de energía nerviosa con todo lo que esto comporta.

... Y *EUSTRESS*

La condición de *eustress* puede definirse con una expresión tomada del ámbito deportivo, *the zone*, aquel estado en que se logran las mejores prestaciones con el mínimo esfuerzo.

Al respecto, se adecua perfectamente la situación del actor la noche del estreno teatral y el día siguiente. La noche del estreno está cargada de temores, dudas, expectativas..., es el momento en el que semanas de trabajo se muestran al público y a la crítica: es un momento cargado de tensión.

La fase que precede a la entrada en escena es de *distress*, en el modo en que normalmente se entiende. Pero, en cuanto el espectáculo comienza, la concentración de energía nerviosa se convierte en capacidad de atención por la tarea, intensa presencia en lo que se representa y en lo que sucede, en extraordinario sentido del ritmo: *eustress*.

> «*Ella experimentaba la excitación y la rápida comprensión que se manifiesta en los hombres antes de un combate, una lucha, en los momentos peligrosos y decisivos de la vida...*» (L. Tolstoi, Anna Karenina).

El día posterior al estreno, en cambio, constituye a menudo un caso emblemático de *distress* entendido como escasa presencia de energía nerviosa. El estreno ha pasado, la tensión cae, el ritmo se reduce, a la representación le falta brillantez.

LAS RESPUESTAS ORGÁNICAS

¿Qué sucede, en definitiva, cuando debemos enfrentarnos al público? Los procesos fisiológicos que se activan en condiciones de estrés siguen dos vías: nerviosa y endocrina.

La *vía nerviosa* experimenta una liberación de catecolamina (adrenalina y noradrenalina), que comporta una rápida aceleración del ritmo cardiaco, un mayor flujo de la sangre en el cerebro y la musculatura; la respiración se hace más rápida y profunda; aumenta la sudoración; las mucosas de las vías aéreas se secan y los músculos se tensan. Es la misma respuesta orgánica que el síndrome que en la década de 1920 fue definido como *flight or fight* («huye o combate»). Es el tipo de respuesta que se activa en el momento justo en que debemos afrontar situaciones de alto riesgo, que requieren una reacción instantánea: atacar o huir.

Se trata del tipo de reacción que permitió al hombre primitivo sobrevivir ante las situaciones críticas que tuvo que afrontar en la lucha por la supervivencia. Evidentemente, los desafíos del hombre contemporáneo —hablar en público es uno de ellos— no requieren siempre esta alerta, ¡pero los restos de la antigua reacción sobreviven irremediablemente!

En lo que respecta a la *vía endocrina*, se observa una mayor producción de corticosteroides, las hormonas de las glándulas suprarrenales, denominadas *hormonas adaptativas* porque permiten una mejor adaptación a los agentes estresantes.

El incremento de la producción de corticosteroides, que estimulan al hígado para suministrar más azúcares a la sangre, pone a disposición del organismo una adecuada fuente de energía, pero con el riesgo de provocar daños por exceso de azúcar.

Uso inteligente de las emociones

¿Cómo se puede controlar este maremoto de respuestas, orgánicas o no, que hacen que resulte tan costoso presentarse frente al público? Con inteligencia emocional, que podemos traducir como inteligencia y emociones, mente y corazón.

¿Cómo se justifica la unión de ambos términos, considerados en general opuestos? Por una parte, la mente, el intelecto, frío, racional, calculador pero también fiable y constante; por otra, la locura del corazón, su imprevisibilidad y falta de fiabilidad. Dicha unión se debe a Daniel Goleman, profesor de psicología en Harvard, que con esta asociación de términos quería referirse a una serie de capacidades superiores producidas precisamente por un uso «inteligente» de las «emociones».

Conciencia y control

A menudo pensamos que un alto cociente intelectual es la base del éxito profesional y de una vida feliz. En realidad, una amplia serie de estudios realizados recientemente han demostrado que el coeficiente intelectual determina la calidad de vida en un porcentaje muy reducido (del 4 al 25 %). Las características que aseguran éxito en la vida son otras: las habilidades que forman parte del gran ámbito que Goleman define como inteligencia emocional.

La primera de estas capacidades es el hecho de reconocer las propias emociones. Las emociones reprimidas, menospreciadas, debilitan nuestro potencial. Si no comprendo aquello que se agita en mí, no podré ni siquiera imaginar cómo controlar, canalizar y utilizar en mi beneficio las emociones que siento.

La segunda de estas capacidades consiste precisamente en lograr controlar las emociones. Significa ser parte activa en el modo en que afrontamos las situaciones, protagonistas de aquello que sentimos, y no un simple campo de batalla, sujetos pasivos presenciando las furiosas luchas emocionales que nos agitan.

«Nuestra» libertad de elección

Antes que nada, sin embargo, la conciencia. ¿Hablar en público le genera ansiedad? Sepa que no está solo. La mayor parte de las personas viven el hecho de hablar en público como una situación estresante. En las aulas de formación sobre las técnicas para hablar en público son mayoría aquellos que admiten que sienten ansiedad cuando se disponen a presentarse ante el público. Por otra parte, incluso oradores experimentados o actores con mucho oficio explican que existen situaciones, momentos, públicos determinados que les generan un estado de ansiedad, a pesar de los muchos años que llevan subiendo a los escenarios. ¡Es el precio que se paga por ser protagonista en vez de permanecer entre bambalinas!

Pero... «entre el estímulo y la respuesta tenemos libertad para elegir»: esta frase de Viktor Frankl, psicoanalista, padre de la logopedia, nos devuelve al tema de la gestión del estrés. Tenemos la posibilidad de elegir nuestra respuesta a los estímulos que la realidad nos ofrece. Podemos ejercer un control sobre nuestras emociones, que no significa negar su existencia, sino utilizarlas en beneficio propio. Podemos convertir en *eustress* una situación de *distress*.

Ha sido ampliamente demostrado por los expertos que, en lo que respecta al estrés, no importa tanto aquello que nos sucede como la interpretación que le damos y la manera en que lo afrontamos. Hans Selye, padre de la definición del estrés, escribe sobre este tema: «El estrés no depende tanto de lo que hacemos o de lo que sucede como del modo en que lo interpretamos».

Hacer o dejarse hacer

Una situación como la de hablar en público nos sitúa en el límite de nuestros recursos psicológicos, deja al descubierto nuestros lados más débiles, pero precisamente por ello podremos realizar nuestra elección. Si el malestar que nos causa exponernos se convierte en fuente de experiencia y conocimiento, incluso de nosotros mismos y de nuestros límites, se transformará en una ocasión para ejercer el dominio, y la experiencia de hablar en público supondrá una victoria sobre nuestros miedos. El mensaje que transmitiremos resultará convincente.

Cuando conocí a la señora Elsa sólo tenía 12 años. Se trasladó a vivir frente a la casa de mis padres después del terremoto que a mediados de la década de 1970 había afectado la región de Friuli y había destruido su vivienda. La señora Elsa dejó una marca indeleble en mi vida. Culta y sensible, me contaba extraordinarias historias las tardes que pasé con ella. Singular vida la suya. Su padre había trabajado para el zar y más tarde la llevó con él a vivir a Australia durante algunos años. Había vivido un amor singularmente romántico y desgraciado. Había tenido amigos intelectuales y artistas. A mis ojos de adolescente, la señora Elsa parecía la personificación de una heroína de novela. Más tarde nuestras vidas se separaron durante años, pero la reencontré mucho tiempo después. Ya anciana, vivía de nuevo en su región natal, Friuli, en una casa de reposo. Se me encogió el corazón cuando supe que una mujer tan extraordinariamente vital vivía en un lugar que parecía tan triste. Decidí ir a verla. Y una vez más me sorprendió... Su habitación era como un jardín, llena de jarrones con las flores que tanto le gustaban. Conservaba el viejo tocadiscos con una montaña de discos con todas las óperas líricas —muchas de las cuales me había hecho escuchar en aquellas lejanas tardes de mi adolescencia— y sus libros, tantos, tantísimos. Me entregó su autobiografía, escrita en aquellos años en la casa de reposo. Era ella, la misma. ¡Una vez más, el curso de su vida lo había marcado ella!

Hablar en público nos sitúa siempre frente a una elección: superar la situación que se nos presenta, hacer o dejarse hacer.

Veamos qué escribió Roberto Assagioli, psiquiatra, fundador del Instituto de Psicosíntesis, durante un periodo de reclusión en la cárcel por motivos raciales:

«Comprendí que podía adoptar libremente uno de los muchos comportamientos posibles para afrontar esta situación, que podía darle el valor que yo quería, y que dependía de mí el modo de utilizarla. Podía rebelarme internamente y maldecir; o bien podía resignarme pasivamente y vegetar; podía abandonarme en una malsana actitud de autocompasión y adoptar el papel de mártir; podía afrontar la situación con ánimo deportivo y sentido del humor, considerándola una experiencia interesante. Podía transformar este periodo en tiempo de reposo, en una ocasión para reflexionar tanto sobre mi situación personal, considerando la vida que había llevado hasta entonces, como sobre problemas científicos y filosóficos. O bien podía aprovechar la situación para hacer un entrenamiento psicológico de algún tipo; en fin, podía realizar un retiro espiritual.

»Tuve la clara percepción de que el comportamiento que adoptase dependía por completo de mí: que debía elegir una de estas muchas conductas o actividades; esta elección tendría determinados efectos que podía prever y de los cuales era plenamente responsable.

»No tenía dudas sobre esta libertad esencial y sobre esta facultad, y los privilegios y las responsabilidades que se derivan de ella» (extracto de las notas de la cárcel de Roberto Assagioli, 1940).

También la historia de Viktor Frankl representa un notable ejemplo de la posibilidad de elección que, aun en una situación extrema, el ser humano conserva en lo que se refiere a sus propias reacciones. Viktor Frankl era un psiquiatra hebreo. Recluido en campos de exterminio de la Alemania nazi, fue testigo de atrocidades inenarrables. Sólo él y su hermana sobrevivieron a esta trágica experiencia, durante la cual sus padres, su hermano y su propia esposa perdieron la vida. En ese ambiente organizado para despojar al ser humano de todo se dio cuenta de que existe una única cosa que nadie podía arrebatarle: la libertad interior para elegir cómo responder a los hechos. Sus perseguidores habrían podido decidir sobre su cuerpo y el entorno en el que se encontraba, pero sólo él podía establecer en qué medida lo que estaba sucediendo podía influirle.

Cultivando la capacidad de interiorización, mediante un repliegue hacia un pasado feliz y proyectándose hacia un futuro diferente, Frankl ejerció su pequeña libertad hasta conseguir que fuera cada vez mayor. Ayudó de este modo también a otras personas a encontrar un sentido al sufrimiento que los atenazaba y dignidad en su existencia como prisioneros. En la situación más degradante que pueda imaginarse, Frankl descubrió un principio fundamental de la naturaleza humana: entre estímulo y respuesta, el hombre tiene libertad para elegir.

«Podemos arrebatar todo a un hombre excepto la última libertad humana: la posibilidad de decidir la propia conducta en cualquier circunstancia en que se encuentra. Y esta libertad espiritual da sentido a la vida» (Viktor Frankl).

Efecto Pigmalión

La calidad de nuestros pensamientos determina la calidad de nuestra vida. Nuestra imagen del mundo determina cómo nos relacionamos con él.

«Si estás afligido por alguna causa externa, no es esta la que en verdad te molesta, sino la interpretación que de ella haces, y esta sí puedes anularla inmediatamente», escribió el emperador romano Marco Aurelio en el siglo II.

La lectura y la mirada que hacemos de la realidad define nuestra relación con la misma. Crea la imagen que nos hacemos de ella.

La mirada es creativa, basta con pensar en el efecto Pigmalión, cuya definición procede de una historia incluida en las *Metamorfosis* de Ovidio. Pigmalión, escultor apasionado de la belleza ideal de las estatuas, esculpió en marfil una estatua de la diosa Afrodita, con la que acostumbraba a soñar. Molesta por ello, Afrodita lanzó una maldición contra el hombre, que, debido a la misma, se enamoró perdidamente de la estatua, que obviamente no podía corresponder a su amor. Desgraciado por su destino, Pigmalión pidió misericordia a la diosa, que, apiadada, dio vida a la estatua, transformándola en una mujer de carne y hueso llamada Galatea.

Cuando en la actualidad hablamos del efecto Pigmalión nos referimos al poder que tiene nuestra mirada sobre una persona para influir en su comportamiento. Veamos un ejemplo.

Para modificar el comportamiento de los marineros de la Marina estadounidense definido como *low performer*, individuos con bajo rendimiento, se adoptó con ellos un trato que sólo se reserva a individuos de alto potencial. La mejora de estos marineros en el ejercicio de sus funciones profesionales fue muy notable.

EL PUNTO DE VISTA

Por tanto, la imagen que construyamos acerca del desarrollo de nuestra intervención frente al público decidirá en parte el desarrollo real de nuestra conferencia. En estos casos se habla de «profecía que se autoverifica».

¿Con qué convicción nos presentamos al público? ¿Con la convicción de que, dado que nos hemos preparado cuidadosamente y nos dirigimos a la satisfacción de nuestro público, el encuentro está destinado a tener éxito? ¿O con la convicción de que será un recorrido cuesta arriba, que no sabremos tratar la situación como debería hacerse, que olvidaremos cosas importantes, que el público se mostrará crítico...?

Al respecto, Martin Seligman introduce el concepto de «impotencia aprendida», el estado de quien considera que no es capaz de ser árbitro de su propio destino, al que se contrapone la actitud optimista. Si existe una «impotencia aprendida», también hay, en contrapartida, un «optimismo aprendido».

Veamos, en un esquema propuesto por Seligman, cómo se explican los diversos acontecimientos, dependiendo de si la mirada es positiva o negativa.

	OPTIMISTA	PESIMISTA
ÉXITO	Personal (es mérito mío)	Impersonal (no depende de mí)
	Penetrante/general	Específico/limitado/ circunscrito
	Permanente/estable	Contingente/ocasional/ transitorio
FRACASO	Impersonal (no depende de mí)	Personal (es culpa mía)
	Específico/limitado/ circunscrito	Penetrante/general
	Contingente/ocasional/ transitorio	Permanente/estable

Un mismo hecho se explica de manera diferente dependiendo de si el punto de vista es optimista o pesimista, como puede observarse en el análisis del siguiente ejemplo: un empresario que posee una fábrica de zapatos tiene dos hijos. Con la pretensión de valorar la predisposición de ambos para los negocios, decide enviarlos a dos lugares diferentes, pero con características similares, del centro de África, con el fin de que analicen el mercado y consideren sus posibilidades. Unos días después de marchar telefonea el primer hijo, que con voz apesadumbrada dice al padre: «Voy a regresar, aquí todos van descalzos». Al poco llama el otro hijo, que con voz entusiasta dice al padre «¡Papá, prepárate para un gran negocio, aquí todos van descalzos!».

A modo de conclusión se puede decir que el momento de tomar una decisión es siempre oscuro: dependerá de nosotros que se ilumine con una estrategia brillante.

Puede resultar una buena ayuda saber que los grandes deportistas, durante la preparación y el entrenamiento para una competición importante, acostumbran a visualizar el acontecimiento, para anticipar la situación y controlarla mejor.

LA RELACIÓN MENTE-CUERPO

«En su expresión emocional, el individuo es una unidad. No es la mente que se encoleriza ni el cuerpo que golpea; es el individuo que se expresa» (A. Lowen).

Los estados emotivos afloran tanto en la postura del cuerpo como en los gestos o en la modulación de la voz y las inflexiones del discurso. La observación de este cuadro de conjunto ofrece múltiples indicaciones sobre el estado psicológico de un individuo que dicen mucho más que el significado de las palabras utilizadas.

Mente y cuerpo constituyen una unidad inseparable. Está plenamente demostrado que el cuerpo influye sobre la mente, y que los estados mentales se reflejan físicamente en el cuerpo.

La depresión mental se evidencia a menudo en una postura curvada e hipotónica, y, por otra parte, una posición encogida genera por sí misma un estado mental poco atento y abúlico. Ambos estados se intensifican recíprocamente, por lo que cada vez es más difícil liberarse de esta doble prisión.

El valor de los métodos psicofísicos de terapia reside en su capacidad para romper este círculo vicioso, intentando afrontar el problema ata-

EJERCICIOS SOBRE LA RISA

1. Comience a reír utilizando la vocal «a», sin preocuparse de la espontaneidad o no de la risa. Lo único que cuenta es que el sonido sea limpio y que el ejercicio tenga continuidad. La risa debe realizarse ininterrumpidamente durante un minuto como mínimo, pero sería preferible que durase más.

2. Repita el ejercicio anterior con las demás vocales, primero con la «o» y después con «u, e, i».

3. Terminada la primera fase del ejercicio, ría de manera continua durante dos minutos, pasando sin transición por todas las vocales, desde la «a» hasta la «i». Invierta entonces el recorrido, comenzando por la «i» hasta llegar a la «a».

Según Freud, reír «evita la ansiedad y permite ahorrar energía psíquica; gracias a ello eliminamos las emociones producidas por un hecho desagradable y se produce un efecto liberador».

cando el punto más débil y fácil de controlar, el uso físico del cuerpo, más que un punto más aleatorio y menos definido como son las condiciones psicológicas, los modelos de comportamiento social u otros factores sociológicos.

Goldoni —que además de comediógrafo era director de una compañía teatral— hacía que sus actores realizasen un ejercicio sobre la risa cuando estaban bajos de tono.

Además, parece que reír incrementa la cantidad de betaendorfinas, sustancias similares en estructura química y efectos a la morfina, que potencian el sistema inmunitario.

La actitud

Mediante un comportamiento dirigido físicamente, por tanto, puede obtenerse un efecto sobre la psique. Pero también se puede actuar de manera inversa: de una intención comunicativa a un resultado de comportamiento.

A veces, en cursos a los que asisten personas que no se conocen, comienzo con el siguiente ejercicio.

Fase 1. Cada uno elige a un interlocutor y recíprocamente se presentan explicando algo de sí mismos. Se establece previamente que el interés y la implicación sean bajos.

Fase 2. Elegimos a otra persona y nos presentamos de nuevo con la convicción íntima de que el otro puede resultar decisivo para nuestro futuro profesional.

Fase 3. Se nos presenta a una tercera persona como si fuese un queridísimo amigo al que no vemos desde hace diez años.

En el curso de las tres fases se asiste a un cambio sorprendente. Una *actitud* diferente es capaz de generar resultados sorprendentes.

El modo, la intención (término utilizado con frecuencia en el teatro), es suficiente para generar un círculo virtuoso de apertura hacia los demás participantes. Asimismo, adoptar una *actitud* positiva y de apertura provoca un cambio de tipo psíquico.

Anthony De Mello escribe al respecto: «Los sentimientos negativos están en vuestro interior, no en la realidad... Cuando cambiáis todo cambia».

LAS ANCLAS...

Comenzaremos definiendo qué se entiende por ancla, para poder introducir el concepto de anclaje. Lankton sostiene: «Un ancla es cualquier estímulo que provoque, por parte de una persona, un tipo de respuesta coherente».

Estoy paseando por una calle del centro de la ciudad, me cruzo con una persona que utiliza el mismo perfume que un amor que tuve hace muchos años y de improviso me asaltan recuerdos, sensaciones y emociones.

Las anclas se pueden presentar en todos los canales sensoriales: existen anclas visuales, auditivas, quinestésicas, olfativas y gustativas, que, además, pueden ser externas e internas; puede tratarse del sonido de las campanas de una iglesia que nos devuelve a los días de fiesta en la ermita del pueblo donde nacimos, despertando en este proceso miles de recuerdos vinculados con la vida de entonces; pero también puede suceder que repitamos hasta la náusea las palabras de crítica recibidas y que todavía nos encolerizan.

Las *anclas visuales* son aquellas vinculadas con el territorio de las imágenes. Pensemos en las intensas sensaciones que puede generar la visión de símbolos religiosos de la propia fe para un creyente, la bandera del propio país, aquella fotografía en la que de pequeños abrazábamos al gato casi tan grande como nosotros, la caja de cerillas del hotel en el que hace años pasamos unas magníficas vacaciones...

Las *anclas auditivas* nos conducen inmediatamente al mundo del sonido. Incluyen la música: todos nosotros estamos vinculados a canciones o fragmentos musicales que han marcado momentos especiales de nuestra existencia. Sonidos y ruidos de naturaleza diversa: el sonido de las cigarras durante el verano, el crepitar del fuego en la chimenea, el chirrido del tranvía que recorre la ciudad, el silbato del tren, el sonido del despertador por la mañana...

Las *anclas quinestésicas* están relacionadas con las sensaciones corporales, táctiles: el frescor del agua sobre la piel calentada por el sol, la piel aterciopelada de los melocotones, la suavidad de la seda, el contacto epidérmico...

Las *anclas olfativas* pueden ser muy evocadoras. Basta con pensar en las variadas sensaciones y en los múltiples recuerdos que puede despertar el olor de la tierra húmeda por la lluvia o el del heno recién cortado, el aroma del pastel de manzana recién sacado del horno que recuerda al que hacía la abuela o el olor a polvo de algunos teatros viejos que recuerda al de la buhardilla donde subíamos a escondidas cuando éramos niños...

En cuanto a las *anclas gustativas,* ¿qué mejor que leer lo que Proust escribió en *Por el camino de Swann?*

«*Hacía ya muchos años que no existía para mí de Combray más que el escenario y el drama del momento de acostarme, cuando un día de invierno, al volver a casa, mi madre, viendo que yo tenía frío, me propuso que tomara, en contra de mi costumbre, una taza de té. Primero dije que no, pero luego, sin saber por qué, volví de mi recuerdo. Mandó mi madre por uno de esos bollos, cortos y abultados, que llaman magdalenas, que parece que tienen por molde una valva de concha de peregrino. Y muy pronto, abrumado por el triste día que había pasado y por la perspectiva de otro tan melancólico por venir, me llevé a los labios una cucharada de té en el que había echado un trozo de magdalena. Pero en el mismo instante en que aquel trago, con las migas del bollo, tocó mi paladar, me estremecí, fija mi atención en algo extraordinario que ocurría en mi interior. Un placer delicioso me invadió, me aisló, sin noción de lo que lo causaba. Y él me convirtió las vicisitudes de la vida en indiferentes, sus desastres en inofensivos y su brevedad en ilusorias, todo del mismo modo que opera el amor, llenándose de una esencia preciosa; pero, mejor dicho, esa esencia no es que estuviera en mí, es que era yo mismo. Dejé de sentirme mediocre, contingente y mortal. ¿De dónde podía venirme aquella alegría tan fuerte? Me daba cuenta de que iba unida al sabor del té y del bollo, pero le excedía en mucho, y no debía de ser de la misma naturaleza. ¿De dónde venía y qué significaba? ¿Cómo llegar a aprehenderlo?*

»*[...] Y de pronto el recuerdo surge. Ese sabor es el que tenía el pedazo de magdalena que mi tía Leoncia me ofrecía, después de mojado en su infusión de té o de tila, los domingos por la mañana en Combray (porque los domingos yo no salía hasta la hora de misa) cuando iba a darle los buenos días a su cuarto. Ver la magdalena no me había recordado nada, antes de que la probara; quizá porque, como había visto muchas, sin comerlas, en las pastelerías, su imagen se había separado de aquellos días de Combray para enlazarse a otros más recientes; ¡quizá porque de esos recuerdos por tanto tiempo abandonados fuera de la memoria no sobrevive nada, y todo se va disgregando! [...].*

»*En cuanto reconocí el sabor del pedazo de magdalena mojado en tila que mi tía me daba (aunque todavía no había descubierto y tardaría mucho en averiguar por qué este recuerdo me daba tanta dicha), la vieja casa gris con fachada a la calle, donde estaba su cuarto, vino como una decoración de teatro a ajustarse al pabelloncito del jardín que detrás de la fábrica principal se había construido para mis padres, y en donde estaba este truncado lienzo de casa que yo únicamente recordaba hasta entonces. Y con la casa vino el pueblo, desde la hora matinal hasta la vespertina y en todo tiempo, la plaza, a donde me mandaban antes de almorzar, y las calles por donde iba a hacer recados, y los caminos que seguíamos cuando hacía buen tiempo. Y como ese entretenimiento de los japoneses que meten en un cacharro de porcelana pedacitos de papel, al parecer, informes, que en cuanto se mojan empiezan a estirarse, a tomar forma, a colorearse y a distinguirse, convirtiéndose en flores, en casas, en personajes consistentes y cognoscibles, así ahora todas las flores de nuestro jardín y las del parque del señor Swann y las ninfeas del Vivonne y las buenas gentes del pueblo y sus viviendas chiquitas y la iglesia y Combray entero y sus alrededores, todo eso, pueblo y jardines, que va tomando forma y consistencia, sale de mi taza de té».*

... Y EL ANCLAJE DE ESTADOS DE ÁNIMO PROVECHOSOS

Si las anclas son «estímulos unidos a un conjunto de respuestas bastante previsible», el anclaje —el proceso de anclaje— «tiene el objetivo de asociar un estímulo a una determinada experiencia».

¿Cómo se hace? En primer lugar, es necesario definir qué tipo de recurso positivo nos podrá resultar útil para enfrentarnos al público. ¿La calma? ¿La sensación de poder ejercer control sobre nosotros y sobre la situación?

Llegados a este punto, es necesario acceder al estado de ánimo que nos interesa anclar, y esto es posible mediante el recuerdo de una experiencia en la que hayamos experimentado de manera intensa dicho estado de ánimo. En el momento en que hayamos recuperado el recuerdo, y con él el estado de ánimo de la situación positiva, podremos efectuar el anclaje, que consiste en retener una imagen (ancla visual), decir una palabra (ancla auditiva) o tocarse un punto del cuerpo (ancla quinestésica).

ASOCIACIÓN ESTÍMULO-RESPUESTA

Se establece de este modo una asociación estímulo-respuesta por la cual, cuando nos encontremos a punto de presentarnos al público, la activación del ancla —o de las anclas, en el caso de que se hayan establecido varias juntas (un procedimiento que recibe el nombre de *redundancia* y aumenta la eficacia del proceso de anclaje)— siempre nos permitirá recuperar la sensación de control que habíamos anclado previamente.

Se produce, básicamente, la creación de una especie de respuesta automática frente a un determinado estímulo. El mismo tipo de fenómeno que se producía en el célebre experimento del perro de Pavlov.

El fisiólogo ruso había asociado durante un determinado tiempo la presentación de comida a un perro hambriento y el sonido de una campanilla. El olor y la imagen del alimento provocaban cada vez la salivación del perro. Tras repetir el experimento algunas veces, bastaba con que Pavlov hiciese sonar la campanilla para que el perro salivase incluso sin presencia del alimento.

Para que el ancla instalada sea eficaz, son necesarias dos condiciones. En primer lugar, debe fijarse en el momento en que el estado de ánimo evocado se encuentre en el punto máximo de intensidad. Además, como en el caso del perro de Pavlov, la asociación estímulo-respuesta resultará más intensa si el proceso de anclaje se repite varias veces.

ANCLARSE AL PÚBLICO

Podemos asociar al fenómeno de anclaje la capacidad de trasladar la atención de uno mismo hacia zonas más provechosas del proceso de hablar en público. Un comportamiento capaz de mantener a raya el miedo escénico es el que adopta el orador que puede desviar la atención, el *focus*, de sí mismo hacia el público.

Robert Cavett, fundador y presidente emérito de la Asociación Nacional de Conferenciantes de Estados Unidos, afirma que, en su recorrido de crecimiento y desarrollo de las habilidades necesarias para «anclarse» a su profesión, el orador atraviesa tres fases bien diferenciadas.

En la primera se preocupa de qué pensará el público de él. Es un periodo en el que la atención centrada en sí mismo amenaza con debilitar la relación que intenta establecer con el público. En la segunda fase de su trayectoria el orador se concentra en el mensaje: se preocupa de que los contenidos del discurso sean válidos. La tercera fase, según Cavett, es aquella en la que el orador alcanza el máximo grado de desarrollo, y durante la cual se preocupa por su público.

CÓMO CONTROLAR EL ESTRÉS INICIAL

Una regla de oro para elaborar un buen discurso en público es que la intervención se organice cuidadosamente. Salvo raros casos en los que la necesidad impone improvisar debido a una situación de emergencia —uno de los oradores está atrapado en un embotellamiento de tráfico y es necesario entretener al público hasta que se resuelva el problema—, la garantía de un buen resultado viene dada por la preparación.

En los cursos de formación sobre la gestión del tiempo se suele decir que, para no trabajar continuamente condicionados por la urgencia —sufriendo, por tanto, la tiranía del tiempo y los efectos estresantes que esto comporta—, es necesario encontrar un hueco para las actividades de planificación. Del mismo modo, para evitar el «estrés por falta de preparación» y estar seguros de que la presentación tendrá buenos resultados, es necesario dedicar tiempo a la actividad de preparación y revisión de la intervención.

PLANIFICAR EL INICIO

Sin duda, el comienzo es el momento más crítico y, por este motivo, ha de organizarse con más cuidado y atención. El cuerpo se mantiene alerta para responder a la situación estresante. Todas las energías se activan para defenderse del momento problemático y son ajenas al control mental. El riesgo de sufrir lagunas mentales —provocadas por la momentánea interrupción de las vías neuronales que conectan el cerebro emocional con los lóbulos prefrontales, encargados de la atención por la tarea— es mayor en esta primera fase.

Para evitar este inconveniente, sugiero grabar en la memoria las palabras iniciales, para que la fase de inicio se desarrolle de manera casi mecánica e independiente del estado psíquico que experimentemos.

CONTROL DE LA RESPIRACIÓN, CONTROL EMOCIONAL

> *«Sé como el escollo sobre el que rompen incesantemente las olas: firme, inmóvil, y en torno al cual acaba por calmarse la agitación de las aguas» (Marco Aurelio).*

Como ya he dicho en el capítulo que trataba sobre la voz y sus secretos (vale la pena recordarlo, dada la importancia que tiene), el control de la respiración es la forma más extraordinaria de control de las emociones. El ritmo de la respiración cambia continuamente. Si sentimos cólera, la respiración tiene un ritmo; si estamos alegres, posee uno diferente, e incluso otro si estamos tristes. Y nuestros estados de ánimo deciden nuestra respiración, pero en la relación dialéctica psique-cuerpo también es cierto lo contrario: nuestra respiración puede determinar nuestros estados de ánimo. Una respiración lenta y profunda, y concentrarse en ella, «diluye» los pensamientos angustiosos, relaja la musculatura, ofrece apoyo a la voz... Si prestamos atención a la respiración, encontramos el equilibrio, recuperamos la estabilidad. Observar el aire que entra y sale, sale y entra, es una forma de relajación muy sencilla y que tiene extraordinarios resultados.

La relajación muscular

En situaciones de gran tensión emocional el cuerpo tiende, como forma de protección, a ponerse rígido y a producir tensión muscular. Con los músculos siempre contraídos, se corre el riesgo de «fijar» también las ansias que han provocado la contracción. Así como un instrumento musical tiene que estar afinado, es decir, ni demasiado tensado ni demasiado relajado, sino tónico en su justa medida, también el cuerpo, para afrontar adecuadamente cada situación, ha de encontrarse en ese punto. No olvidemos que, para quien está expuesto al público, el estado de bienestar físico se convierte en instrumento de comunicación positiva y reafirmante.

Se sugieren a continuación algunos ejercicios sencillos capaces de eliminar las tensiones y distender la musculatura.

Ejercicio de relajación mediante la respiración

Este ejercicio, basado en el ritmo y las fases de la respiración, proporciona calma y equilibrio en los momentos de gran tensión.

1. Distiéndase y relájese bien, dejando que el cuerpo se abandone. Para cada fase respiratoria cuente hasta seis.
2. Inspire profundamente, contando mentalmente 1, 2, 3, 4, 5, 6.
3. Retenga el aire: 1, 2, 3, 4, 5, 6.

4. Espire: 1, 2, 3, 4, 5, 6.

5. Mantenga los pulmones vacíos: 1, 2, 3, 4, 5, 6.

6. Repita dos veces el ciclo completo; después respire normalmente.

ELIMINAR LAS TENSIONES

1. Es posible realizar este ejercicio, que se basa en la alternancia de relajación y contracción muscular, tanto sentados como estirados en el suelo. El ejercicio consiste en contraer de golpe todo el cuerpo e inmediatamente eliminar la contracción repitiendo el proceso varias veces. Es muy importante comprobar que la relajación corporal sea completa y que no permanezca ninguna tensión en parte alguna del cuerpo. Es igualmente importante evitar la interrupción de la respiración durante la fase de contracción. En un primer momento conviene efectuar la relajación muscular mientras se espira completamente; después resultará útil aprender a hacerlo mientras se inspira profundamente. Tras pocos minutos es posible comprobar el resultado del ejercicio: la sensación de pérdida de peso corporal.

2. Realice la contracción por zonas, comenzando por la parte alta: los músculos de la cabeza, del rostro, del cuello, de los hombros, descendiendo de este modo hasta los dedos de los pies. Mientras contrae sucesivamente cada parte del cuerpo, es necesario que no afloje la tensión de las anteriores. Cuando todo su cuerpo esté contraído, efectúe una brusca distensión de la musculatura y relájese completamente durante algunos segundos.

3. Realice de nuevo el ejercicio comenzando por la parte inferior y ascendiendo poco a poco hasta llegar a los músculos de la cabeza.

DISTENSIÓN MUSCULAR

La relajación se puede realizar tumbado, sentado o en pie; es importante mantener los ojos cerrados. Libere mentalmente de tensión las diferentes partes del cuerpo en el orden que se indica.

1. Comience relajando las partes laterales del cuerpo. Primero la izquierda: los músculos de la cabeza, del cuello, de los hombros, del antebrazo y de la mano, concentrando la atención en el dedo medio de la mano. Haga lo mismo con la parte derecha del cuerpo.

2. Relaje las partes anteriores del cuerpo: los músculos del rostro, del cuello, del pecho, del abdomen, de los muslos, de las tibias, de los pies y de los dedos de los pies, concentrando la atención en los pulgares.

3. Relaje las partes posteriores del cuerpo: los músculos del cuello, de la espalda, de la pelvis, de los muslos, de las pantorrillas. Concentre la atención en la parte central de la planta del pie.

4. Pase a una relajación general: músculos de la cabeza, del cuello, del tórax, del vientre, de la espalda, de la zona lumbar, de los muslos y de los pies. De vez en cuando, es conveniente que compruebe si las articulaciones de los hombros, de los codos, de las manos y de los tobillos están suficientemente relajadas. Controle sobre todo las articulaciones.

Durante el ejercicio, intente mantener constantemente la atención en las partes del cuerpo que poco a poco se van relajando, para evitar distraerse con otros pensamientos.

PÁGINA DE APUNTES

- Existe un estrés nocivo, que llamamos *distress*, y otro útil, o *eustress*.

- Entre estímulo y respuesta, podemos elegir.

- La preparación es un buen antídoto para el «miedo escénico».

- Un «inicio» bien estructurado y perfectamente ejecutado proporciona una impronta positiva a toda la intervención.

- La respiración profunda es un instrumento idóneo para el control del estrés.

- Para resultar comunicativo, el cuerpo debe estar tónico en su justa medida, ni demasiado tenso, ni demasiado relajado.

Lección VI

CREACIÓN DEL CONTENIDO

PENSAR CREATIVAMENTE

«¿Sabes qué es el Satori? Mariposa... Un hombre sentado frente a la tela. No lo logrará. Una hora... un día... un mes. Inútilmente el gusano tiembla bajo el viento otoñal. ¡Y quizá durante un año! Después, casi como una cuchillada, da una pincelada. Un trazo de pincel, como una estocada. El Satori es una iluminación. En este instante todo se funde: todos estos días y meses, todos los pensamientos y reflexiones, los cambios de todas las ideas y soluciones posibles. Toda la escuela. Toda la energía de la persona y del artista. Su "yo".
»Todo se concentra en esta fracción de segundo y... la obra nace. Esto es la creación: expresar toda la vida en un único instante».

Mediante esta sugerente evocación, el director ruso Alschitz nos traslada al núcleo de la creación artística: la iluminación, la respuesta imprevista que justifica días y meses de trabajo o investigación. Toda creación —ya sea esta una obra de arte, ya sea un descubrimiento científico o una idea original en torno a la cual se construye un discurso— comporta un momento de *insight*, de iluminación.

EL MODELO POINCARÉ-WALLACE

El tema del *insight* está presente también en uno de los modelos de pensamiento creativo más conocido, y todavía dotado de coherencia y eficacia: el que se desarrolló a partir de las intuiciones del matemático francés Jules-Henri Poincaré, que a inicios del siglo pasado propuso un proceso de cuatro fases, retomado y perfeccionado por Graham Wallace. El modelo se conoce a menudo con el nombre de ambos autores: Poincaré-Wallace.

Las cuatro fases son:

1. **Preparación.** En esta fase se propone el problema y se recopilan los datos e informaciones necesarios.

2. **Incubación.** Es el estadio en que actúa el pensamiento inconsciente. El material recopilado tiene vida propia, así como en la estación invernal la semilla reposa y actúa bajo una capa de tierra y nieve.

3. **Iluminación.** Es el momento de la intuición, del *insight*, del eureka: ¡lo encontré! El descubrimiento. El Satori.

4. **Comprobación.** La fase de análisis y aplicación de la idea obtenida.

Este recorrido, que representa el proceso a través del cual se producen nuevas ideas, puede aplicarse también a la elaboración de un discurso. En una primera fase comenzamos a recoger ideas y pensamientos sobre la conferencia que debemos dar; seguirá un periodo de sedimentación, de germinación de los materiales recopilados. Entonces llegará el *insight*: la idea adecuada relativa a la estructura o al enfoque que hay que dar, la aparición de los materiales que debemos utilizar y que representan la «síntesis mágica» de las ideas, de los materiales de partida y de otros que yacían sepultados en algún lugar de la memoria y que se presentan ahora, rediseñados y reformulados de acuerdo con nuestro objetivo de comunicación. Y, para finalizar, se halla el periodo de análisis de los productos de nuestro trabajo anterior de acuerdo con una valoración racional y de finalidad comunicativa.

INVENTIO

La *inventio* es —según la retórica— la fase de desarrollo de un discurso en que se concibe el contenido, en la que se buscan y se identifican ideas capaces de representar instrumentos intelectuales y afectivos que pueden persuadir al público.

En especial, la *inventio* consiste en hallar, gracias a la memoria, las ideas ya presentes en el inconsciente del orador.

En una especie de proceso mayéutico —el instrumento socrático de recuperación de la verdad oculta mediante la formulación de preguntas—, el orador debería plantearse a sí mismo preguntas destinadas a hacer emerger los pensamientos situados en los espacios (los *loci*, «lugares») de la memoria. Dichas preguntas encontraron una definición, en el siglo XII, en el siguiente hexámetro: *quis, quid, ubi, quibus auxiliis, cur, quomodo, quando* «¿quién, qué, dónde, con qué medios, por qué, cómo, cuándo?».

APROXIMACIÓN CREATIVA A LA ESTRUCTURACIÓN DE LOS CONTENIDOS

«Apartarse de la ley da la posibilidad de descubrir algo» (Alschitz).

Comencemos con la creatividad. Al menos durante la fase de producción de ideas, no estableceremos condiciones previas a lo que es o no oportuno decir.

Al hablar de creatividad, no pretendo atribuir ninguna connotación de carácter artístico, sino considerarla desde la óptica de la «utilidad» que caracteriza el desarrollo que a partir del siglo XX ha conocido el concepto de creatividad. En efecto, el término *creatividad* ha asumido también el significado de *problem solving* («modo de resolución de problemas»), ya sean de naturaleza bélica o de comunicación (M. Vecchia).

ESPECIALIZACIÓN DE LOS HEMISFERIOS CEREBRALES

El análisis de las facultades creativas humanas recibió una contribución importante por parte del fisiólogo americano Roger Sperry, gracias a su descubrimiento, a finales de los años sesenta (por el que precisamente recibió el premio Nobel), de la especialización de los dos hemisferios

HEMISFERIO IZQUIERDO	HEMISFERIO DERECHO
análisis	síntesis
pensamiento lógico	pensamiento analógico
palabras	imágenes
objetivo	subjetivo
secuencialidad	irregularidad
orden	desorden
números	colores
linealidad	conciencia del espacio

cerebrales. En particular, el hemisferio izquierdo —en nuestra cultura es dominante— estaría destinado básicamente al ejercicio del pensamiento lógico, de la capacidad de análisis y del pensamiento deductivo. En cambio, el derecho —considerado más creativo— está dominado por los colores, las imágenes, tiene conciencia del espacio y capacidad para percibir la estructura global de las cosas, piensa de manera metafórica e intuitiva.

El «pensamiento lateral»

En nuestra cultura se da preferencia al desarrollo y uso del hemisferio izquierdo; por ello, si queremos que nuestro discurso presente aspectos de novedad y originalidad, debemos dejar espacio también para la recepción y organización de informaciones típicas del hemisferio derecho, para el desarrollo de esa forma de pensamiento que E. De Bono define como «lateral».

A través de un modo de pensamiento basado en las funciones del hemisferio izquierdo, buscamos aquella que consideramos como única solución posible a un problema, mientras que con el «pensamiento lateral» nos movemos en la dirección de la multiplicidad y variedad de hipótesis que permitan resolver la cuestión.

Mediante la integración de ambos estilos de pensamiento, por tanto, podemos alcanzar resultados más satisfactorios en términos de creatividad, no entendiéndola como creación desde la nada, sino como la capacidad para unir, en un mismo proyecto, diferentes elementos y fragmentos diseminados de un mismo tema.

Respecto a este tema, Silvano Arieti utiliza la definición de «síntesis mágica»: la creatividad entendida como una reconfiguración, una nueva estructuración de materiales ya integrados en nuestro horizonte perspectivo.

De este modo, ser creativo no significa eliminar el conocimiento previo sobre el tema, sino actuar como un «sistema abierto» preparado para captar estímulos nuevos.

Nan-in, maestro japonés de la era Meiji (1868-1912), recibió la visita de un profesor universitario que fue a verlo para preguntarle sobre el zen. Nan-in sirvió el té. Llenó la taza de su huésped y continuó vertiendo. El profesor miró cómo el té se derramaba, y no pudo contenerse. «¡Está llena! ¡Ya no cabe más!». «Como esta taza —dijo Nan-in—, tus opiniones y conjeturas te llenan plenamente. ¿Cómo puedo explicarte el zen, si antes no vacías tu taza?».

LA GERMINACIÓN DEL CONTENIDO

Dejemos que el contenido germine en nosotros. En el teatro, se hace nacer a los personajes, se les da a luz tras un periodo de incubación, periodo en el que se introducen nuevos elementos: contexto histórico y cultural, relación con los demás personajes, vida oculta del personaje, análisis del subtexto... De modo similar, una presentación ha de alcanzar un estado de «madurez» interior antes de poder ser expresada de manera eficaz.

Para que tenga lugar el acto creativo, el consciente y el inconsciente, lo imaginario y lo real, lo racional y lo emocional deben encontrarse, mezclarse y confundirse. Y esto ocurre en una zona oculta, en un jardín secreto.

«Una gran parte de nuestra actividad intelectual es inconsciente y las creaciones más hermosas de la conciencia son inseparables de un trabajo inconsciente: "Eso que definimos como genio se hace consciente, se ilumina gracias a la conciencia y escapa a la conciencia". Schopenhauer sostenía que la conciencia era la floración suprema de la inconsciencia» (E. Morin).

Por este motivo, es muy importante que convivamos con nuestro discurso durante cierto tiempo: algunos días o semanas incluso (el tiempo y la dedicación dependerán del conocimiento del tema y de la importancia que atribuyamos a la circunstancia en que debemos pronunciar el discurso).

Algunos oradores acostumbran a tener siempre un cuadernillo al alcance de la mano, de manera que si una idea imprevista, una frase leída, una historia escuchada les parece adecuada para el discurso que están preparando, no dejan escapar la posibilidad de plasmar la intuición que han tenido o el estímulo que han recibido en ese momento.

BRAINSAILING: NAVEGAR CON EL PENSAMIENTO

«Todos somos, de una manera u otra, prisioneros de nuestra experiencia» (Hamel y Prahalad).

Si la experiencia es aquello que nos permite ganar competencias —de muchas de las cuales somos conscientes y de muchas otras ni siquiera nos damos cuenta— que representan para cada uno de nosotros una riqueza, la experiencia nos conduce también hacia una fijación cognitiva y de comportamiento. Resulta tranquilizador y «ecológico» confiar en lo que ya se conoce, pero al mismo tiempo puede convertirse en la sepultura de la innovación y la producción de ideas creativas. Ya se trate de la gestión empresarial o de la elaboración de intervenciones frente al público, optar por la creatividad requiere un proceso de «desaprendizaje».

«El auténtico proceso de construcción comporta al mismo tiempo una especie de demolición, lo que significa aceptar el miedo. Todas las demoliciones crean un espacio peligroso en el cual existen menos vigas y apoyos», afirma Peter Brook.

No conseguimos acceder a soluciones o ideas nuevas porque seguimos anclados en una forma de pensamiento rígida, esquemática, conocida y, por ello mismo, tranquilizadora. Es necesario recurrir a nuevas hipótesis, que permitan observar las informaciones de las que disponemos desde nuevos y diferentes puntos de vista.

«EL CAOS CONVIERTE AL HOMBRE EN ARTISTA»

Con mucha frecuencia las ideas innovadoras nacen de errores, casos fortuitos... Y esto sucede porque en nuestra rutina preceptiva irrumpe un hecho nuevo, que nos obliga a reconsiderar nuestra estrategia de pensamiento. Se crea desorden, caos y, como escribe Alschitz, «el desorden despierta en el hombre un instinto olvidado: el instinto de la armonía consigo mismo. Le recuerda el concepto de belleza, le obliga a pensar de modo diferente, a fantasear y a crear. El caos convierte al hombre en artista».

Brainsailing, navegar con el pensamiento, significa precisamente esto: dejarse llevar por el viento, navegar en mar abierto, dispuestos a encontrar los nuevos mundos que nos esperan.

RADIANT THINKING, PENSAMIENTO RADIAL

El concepto de pensamiento radial fue propuesto por Tony Buzan, experto en la mejora de la capacidad de pensamiento y de aprendizaje, y se desarrolla a partir de consideraciones acerca de la estructura y los procesos cerebrales.

«Podemos demostrar que cada una de los diez mil millones de neuronas del cerebro humano tiene una capacidad de conexión de ¡uno seguido de veintiocho ceros! Si cada neurona tiene este potencial, apenas podemos imaginar qué podrá hacer el cerebro en su totalidad. Eso quiere decir que el número total de posibles combinaciones/permutaciones en el cerebro, si se escribiese, ¡sería un uno seguido de 10,5 millones de kilómetros de ceros!», afirmaba en 1973 el científico ruso Pyotr Kouznich Anokhin.

El pensamiento radial refleja la estructura de los procesos cerebrales, la infinita trama de conexiones que une cada célula cerebral con otra célula cerebral.

LA HUELLA DE LA MEMORIA

Cada estímulo —pensamientos, recuerdos, sensaciones— que alcanza el cerebro produce un recorrido cerebral perfectamente articulado, una vía neuronal que ha sido definida como «huella de la memoria» y que se visualiza como un punto central del que irradian múltiples y diversas ramificaciones.

Como ha señalado el profesor Anokhin, dichos puntos centrales, o nodos de información, en las conexiones entre ellos están presentes en nuestro cerebro en una cantidad inimaginable.

Este recorrido reticular, como una tela de araña, sirve de base al concepto de *radiant thinking*, donde *radiant* (del verbo inglés *to radiate*) tiene precisamente el significado de «irradiar», es decir, difundir en forma de radios desde un centro.

Entre otras cosas, el pensamiento radial —y el mapa mental que es la representación visual, la traducción concreta— hace que los dos hemisferios cerebrales, y, por tanto, el pensamiento lógico, analítico, secuencial, y el pensamiento analógico, sintético, aleatorio, trabajen conjuntamente, con magníficos resultados en términos de creatividad y *problem solving*.

Mediante el análisis de hojas de apuntes, páginas de diarios, documentos... de geniales personajes del pasado —como por ejemplo Leonardo Da Vinci, Darwin, Einstein, Beethoven o Joyce—, Buzan demuestra que los grandes cerebros (como él los define) tendían instintivamente a asociar ambas formas de pensamiento y a adoptar, por tanto, inconscientemente, una modalidad de pensamiento definible como un embrionario estilo radial.

DEL *BRAINSTORMING* AL MAPA MENTAL

Los *mind map*, tal como los presenta Tony Buzan, pueden ser un instrumento adecuado para facilitar la producción de material creativo. Con su estructura parecen avalar la hipótesis de una especie de *brainstorming* que debería efectuarse durante la fase de preparación de la conferencia.

Pero ¿qué se entiende por *brainstorming*? Es una técnica de creación en grupo teorizada y más tarde adoptada en la década de 1930 por el publicitario Alex F. Osborn. El *brainstorming* prevé que se exponga un problema a algunas personas —aproximadamente una docena— no expertas en el sector publicitario, que, dos días después de serles comunicado el dato sobre el que tienen que reflexionar, se reunirán y, guiadas por un responsable, se dejarán llevar por un recorrido de formulaciones de ideas sin elaborar análisis o valoraciones de tipo racional. El análisis racional intervendrá sólo en una segunda fase y será realizado por un grupo de expertos en el sector encargados de analizar la viabilidad de las propuestas sugeridas por el grupo creativo.

JUEGO DE ASOCIACIÓN

¿De qué modo puede establecerse una correlación entre el mapa mental ideado por Buzan y un proceso de *brainstorming*? También en la formación de un mapa mental se lleva a cabo un proceso de recuperación y creación de ideas por vía asociativa. Pero, mientras que en el *brainstorming* ideado por Osborn el juego asociativo es fruto de un trabajo de grupo, en el mapa mental puede tratarse perfectamente de una operación individual.

El proceso descontrolado de asociaciones que un solo estímulo ofrecido a nuestro cerebro puede producir ha sido bien descrito por Gianni Rodari.

> *«Una palabra, que cae en la mente por casualidad, produce ondas superficiales y profundas, provoca una serie infinita de reacciones en cadena, evocando a su paso sonidos e imágenes, analogías y recuerdos, significados y sueños, en un movimiento que afecta a la experiencia y la memoria, la fantasía y el inconsciente, y que se complica por el hecho de que la misma mente no asiste de manera pasiva a la representación, sino que interviene continuamente para aceptar y rechazar, unir y censurar, construir y destruir».*

Rodari habla básicamente de un juego asociativo capaz de identificar materiales dispersos, inventados, sepultados en otros lugares fuera de la conciencia.
Y es el mismo recorrido propuesto, de manera más estructurada, por el mapa mental.

Estilo narrativo, en lista y en esquema

A partir de una investigación realizada en diferentes países del mundo, Buzan puso en evidencia que, en el 95 % de los casos, cuando toman y producen apuntes, las personas utilizan métodos lineales:

• El estilo narrativo consiste en escribir seguido —como en una narración, precisamente— todo aquello que se pretende comunicar.
• El estilo en lista y las anotaciones de las ideas, tal como se presentan en la mente, sigue un orden secuencial.
• El estilo en esquema numérico/alfabético es aquel en el que las ideas se exponen secuencialmente siguiendo una lógica de tipo jerárquico.

Al no permitir realizar asociaciones, no adoptando por ello un estilo de pensamiento radial, la presentación lineal de los apuntes impide un proceso de tipo creativo.

De la investigación surgió también la adopción de un cuarto estilo definido como «desorganizado», utilizado con muy poca frecuencia y que presenta algunas similitudes con el mapa mental.

Y llegamos a este último. Buzan considera el mapa mental como la expresión gráfica del funcionamiento del cerebro humano, y, en consecuencia, útil para despertar el potencial de aprendizaje y creatividad de nuestro cerebro.

Representación visual del *mind map*

La representación visual del *mind map* prevé:

• Un núcleo central, el tema de la interrogación, en el caso de que el mapa mental se utilice para elaborar el material de una presentación en público (los usos, en realidad, son mucho más variados y para ello se remite a los textos de Buzan). Sería preferible condensar el tema del discurso, más que en una palabra, en una imagen; de este modo, al entrar

en juego un gran número de habilidades corticales —colores, dimensiones espaciales, imaginación...—, la imagen resulta más eficaz en términos asociativos, incrementando así la facultad creativa.

• Los puntos principales del tema se extienden sobre la página formando rayos conceptuales, utilizando palabras clave.
• Los argumentos jerárquicamente menos relevantes irradian a partir de las palabras clave.
• El conjunto forma una estructura nodal.

DE LA *INVENTIO* A LA *DISPOSITIO*

Veamos a continuación cómo procederá nuestro orador a la construcción del mapa mental relativo a su intervención.

El primer paso corresponde a la definición del núcleo de la conferencia, que, como ya he subrayado, resultará más eficaz si se expresa mediante una síntesis visual: una imagen. Por tanto, tendremos una hoja de formato A3 que nos ofrecerá un espacio suficientemente amplio y una imagen central: ese es el punto de partida.

Ahora, tan sólo basta con dejar vagar el pensamiento y componer un mapa con todas las ideas relativas al tema que atraviesan la mente. En potencia, el mapa mental puede avanzar hasta el infinito, ya que las asociaciones posibles son innumerables. Cuando se tenga la sensación de haber explorado con amplitud el tema, se podrá proceder a la segunda fase.

El segundo paso está representado por el análisis del material obtenido. Se elimina aquello que se considera innecesario, se procede a la organización jerárquica del material —a partir de los conceptos más importantes se coloca en ramas más próximas al centro y se continúa de acuerdo con el grado de importancia— y se añaden otras posibles palabras clave útiles para completar el cuadro.

El tercer paso consiste en una ulterior operación de pulido. También es útil incluir símbolos relativos a los materiales de apoyo que se utilizarán: imágenes, anécdotas, conexiones, datos estadísticos...

En el cuarto paso se decide el orden que seguirá la presentación de los argumentos, numerando las diferentes ramas según el orden secuencial que se considera más adecuado al tema del discurso.

Para finalizar, como quinto paso, el orador deberá decidir cuánto tiempo dedicará a tratar cada punto.

UNA ESCALETA ORGANIZADA...

Mediante este proceso, que dependiendo de la importancia de la intervención podrá requerir horas, o más bien días, habremos pasado de la fase de *inventio* a la de *dispositio*. De la búsqueda de materiales a la organización de los mismos, del desorden creativo a una escaleta organizada. Además de servir de estímulo al proceso creativo de búsqueda de ideas y materiales, el mapa mental puede actuar como escaleta de apoyo de la intervención en su desarrollo.

... Y MEMORIZABLE

También en este estadio el *mind map* presenta indudables ventajas: ofrece la posibilidad de tener todo el discurso sintetizado en un solo folio (incluso, se ha creado un programa especializado, que puede instalarse en el ordenador personal, de indudable valor para la composición y eficaz desde el punto de vista comunicativo); por el criterio estructural adaptado —fiel al estilo de pensamiento radial— es mucho más fácil de memorizar.

Los estudios sobre la memorización nos dicen que recordamos mejor, además de las primeras cosas vistas u oídas:

- Aquello que podemos *relacionar* con algo más.
- Los elementos a los que se ha dado un determinado *énfasis*.
- Las cosas que implican el *uso de los sentidos*.
- Los elementos que suscitan especial *interés*.
- Los elementos colocados en orden *jerárquico*.

El mapa mental destaca muchos de estos aspectos, basándose en una lógica asociativa; pone de relieve, y, por tanto, enfatiza, conceptos de denso contenido mediante la selección y aplicación de palabras clave, utilizando imágenes y colores que se refieren a diferentes sentidos, disponiendo los distintos temas en orden jerárquico.

PÁGINA DE APUNTES

- La creatividad se puede cultivar.

- «Un alma acostumbrada es un alma muerta», escribió Charles Peguy: el conocimiento profundo sobre un tema puede representar un límite para la creatividad.

- Para poder acceder a los recursos creativos de nuestro inconsciente es necesario que los estímulos y las informaciones recogidas experimenten un tiempo de sedimentación.

- El pensamiento radial puede ser interpretado como un instrumento que ayude a superar la fractura entre el pensamiento lógico y el analógico, entre racionalidad y creatividad.

- El mapa mental es la expresión gráfica de un estilo de pensamiento radial.

- A través del mapa mental se accede a un modo creativo de estructuración del contenido.

- El mapa mental puede servir como escaleta del discurso.

Lección VII

ORGANIZACIÓN DEL CONTENIDO

Si queremos que nuestro discurso sea eficaz, es necesario que lo preparemos, que trabajemos con tesón. Así como el gran actor logra que parezca natural y espontáneo aquello que dice, dando la impresión de que sus palabras surgen en aquel momento, y, sin embargo, cada sonido y cada gesto son fruto de un intenso trabajo de preparación, del mismo modo el carácter del orador debe ser el resultado de un laborioso proceso previo.

«La elocuencia es hija del conocimiento»,
afirmaba Benjamin Disraeli.

ALGUNAS IDEAS SOBRE LA *COMMEDIA DELL'ARTE*

En la *commedia dell'arte* —la comedia de las máscaras— se improvisa (como en prácticamente todas las representaciones teatrales), pero en los años que trabajé como actriz pude darme cuenta de qué se entiende por improvisar en dicho ámbito. En realidad, la preparación del espectáculo prevé la existencia de un esquema, donde todos los elementos (roles, relaciones entre personajes-máscaras, situaciones, desarrollo de los acontecimientos) están definidos con total precisión. Sólo cuando todos los elementos del espectáculo han sido probados y comprobados comienza la improvisación.

La improvisación se manifiesta no como una invención desde la nada, sino como el desarrollo de la creatividad sobre una base precisa y detallada.

«La facilidad para la improvisación y la inmediatez libre de
obstáculos se consigue únicamente gracias al ejercicio»
(Quintiliano).

VENTAJAS DE UNA CONFERENCIA BIEN ORGANIZADA

Considero que el único tipo de improvisación permitido al orador es aquel que se desarrolla sobre una estructura sólida y bien organizada. ¿Cuáles son las ventajas de un discurso con una estructura así?

• Un discurso organizado, con un desarrollo coherente y una concatenación lógica, resulta más comprensible y fácil de seguir para el público.
• Una conferencia con una estructura clara y precisa ofrece más posibilidades de recuperar el hilo en caso de pérdida de la concentración o de momentos de incertidumbre.
• Una conferencia bien construida transmite a los presentes una imagen de preparación y competencia por parte del orador.

Cuanto más tiempo se haya dedicado a la preparación del discurso, tanto más espontáneo y convincente resultará, y contribuirá a crear una atmósfera relajada.

Se necesita tiempo para definir el objetivo, para elegir el tema y, dentro de este, los puntos clave que se considera importante abordar. Se requiere tiempo para recopilar los materiales necesarios que secunden los propios puntos de vista y afirmaciones. Se precisa de tiempo para organizar dichos materiales siguiendo una estructura coherente y eficaz. Y, por último, se necesita tiempo para ensayar el discurso. No basta con que la conferencia esté estructurada diestramente, necesitamos familiarizarnos con las palabras que diremos, es necesario «masticar» el discurso.

LOS MATERIALES DE QUE DISPONEMOS

Son muchos los materiales de apoyo que podemos utilizar para hacer que nuestro discurso resulte vivo y atractivo: imágenes, ejemplos, anécdotas, estadísticas... Gracias a estos elementos evitamos que el discurso resulte excesivamente abstracto o conceptual. Le aportamos variedad, concreción; creamos una conexión con la experiencia de nuestros oyentes; le damos una mayor posibilidad de ser recordado y de influir en el público.

¿Cómo se pueden conseguir dichos materiales? Las posibilidades son de lo más variado: a partir de conversaciones con amigos; recopilando citas o proverbios; prestando atención a las noticias de los diarios y la televisión; asistiendo a conferencias sobre temas afines al que nos ocupa; buscando información en internet; suscribiéndonos a revistas, *newsletter* y otras publicaciones del área de nuestra especialidad...

Hechos

Los hechos son la exposición, verificable, de sucesos a los que hemos asistido personalmente o que conocemos por otra fuente. En virtud de su objetividad, otorgan autoridad y credibilidad a las tesis sostenidas en el discurso. Las fuentes pueden ser muy variadas: la historia, la crónica, la vida profesional, hechos de la vida cotidiana...

Los dos fragmentos siguientes han sido extraídos del discurso pronunciado por el ex presidente de la república italiana Sandro Pertini, con motivo del terremoto de Irpinia, en el año 1980:

> *«[...] También recuerdo esta escena: una niña se me ha acercado desesperada, se me ha lanzado al cuello y llorando me ha dicho que había perdido a su madre, a su padre y a sus hermanos».*

> *«[...] Hay otro episodio que debo recordar, que pone en evidencia la falta de ayuda inmediata. Ciudadanos supervivientes de un pueblo de la región de Irpinia se me han acercado y me han dicho: "¿Ve los soldados y carabineros que trabajan de manera admirable y conmovedora para ayudarnos? Hoy nos han dado sus raciones de víveres porque no teníamos nada para comer". No habían llegado víveres a aquella población».*

Imágenes

Mediante la palabra podemos evocar, despertar imágenes mentales en nuestros interlocutores, imágenes que tienen el poder de arrastrar consigo emociones y sensaciones.

Me encontré, hace tiempo, por razones profesionales, con un vendedor inmobiliario en Cerdeña. Todavía recuerdo su habilidad para dibujar y colorear para mí las imágenes de una tierra compuesta por las manchas de color rojo y fucsia de las buganvillas en flor, o «aquella recortada costa que parece llevar el mar al interior de la isla», o incluso los aromas y sabores de una comida de elaboración sencilla pero cuidada... ¡Me encontré de improviso en Cerdeña! Pensé que aquel hombre era un gran comunicador.

La creación de imágenes en el público tiene mucho que ver con el proceso de anclaje. En efecto, el anclaje —ya analizado en el capítulo 5 como instrumento de control del estrés, por cuanto es capaz de asociar un estímulo (ancla visual, auditiva, quinestésica, olfativa y gustativa) a una respuesta emocional— puede representar también un instrumento óptimo para comunicar con el público.

Las palabras que construyen nuestras imágenes tienden puentes sobre los recuerdos y las emociones de los presentes, como hace decir Pirandello al personaje de Rico Verri en *Esta noche se improvisa*:

«¡Permanece viva siempre, en ti, toda la vida que has vivido! Basta apenas una palabra, un sonido —la más pequeña sensación— para mí, el olor de la salvia, y ya estoy en el campo, en agosto, con ocho años, tras la casa del mozo, a la sombra de un gran olivo, temeroso de un gran abejorro azul, oscuro, que zumba en el interior del cáliz blanco de una flor; veo temblar sobre el tallo aquella flor violentada, asaltada por la voracidad feroz de aquella bestia que me da miedo; y tengo todavía, en los riñones, este miedo, ¡lo tengo aquí!».

Las imágenes, las visiones tienen un poder extraordinario: crean mundos.

Diálogos

«Yo nazco, preguntando y respondiendo, de una pregunta y de una respuesta» (B. Brecht).

Crear diálogos ficticios, en los que representamos diferentes roles, proporciona al contenido una vivacidad y una cotidianeidad que lo hacen mucho más atractivo, por la capacidad de conducir al público hacia una historia, una anécdota, no sólo explicada, sino «actuada» y, por tanto, más representativa de la realidad, más viva.

«Encuentra la palabra que sea la acción misma hablada, la palabra viva que mueva, la expresión inmediata, connatural con la acción [...]» (L. Pirandello, «La acción hablada», 1899).

Veamos un ejemplo extraído de un discurso de 1988 pronunciado durante el cuadragésimo aniversario de la Constitución italiana por el diputado Oscar Luigi Scalfaro, en el Ayuntamiento de Osimo (Ancona):

«Cuando se produjo la primera sesión de la Asamblea Constituyente, el 25 de junio de 1946 (las votaciones se habían realizado el 2 de junio), presidía Vittorio Emanuele Orlando, que en la escuela me había sido presentado como presidente del Consejo de la Victoria. [...] Lo esperé y le dije: "Presidente, querría estrecharle la mano". Me miró y me respondió: "¿Usted quién es? ¿Cómo se llama?". Le respondí: "Mire, le diré mi nombre, pero no le dirá nada en absoluto. Me llamo Scalfaro. ¿Sabe por qué quiero estrecharle la mano, presidente? Porque lo vi en mi libro de tercero"».

REPETICIONES

Además de poseer una notable fuerza comunicativa, el recurso de las repeticiones tiene la ventaja de fijar en las mentes —o en los corazones— de los presentes el mensaje que pretendemos transmitir. *Repetita iuvant*, decían los latinos: los conceptos repetidos muchas veces se recuerdan mejor.

Por repetición entendemos la reproducción literal de una expresión o un término determinados.

El discurso del pastor baptista Martin Luther King, pronunciado en las escaleras del Lincoln Memorial de Washington el 28 de agosto de 1963, se basa en gran medida en el uso de las repeticiones.

«Yo tengo un sueño. [...]
»Sueño que un día, en las rojas colinas de Georgia, los hijos de los antiguos esclavos y los hijos de los antiguos propietarios de esclavos serán capaces de sentarse juntos a la mesa de la hermandad.
»Sueño que un día incluso el estado de Misisipi, un estado sofocado por el calor de la injusticia y la opresión, se convertirá en un oasis de libertad y justicia.
»Sueño que mis cuatro hijos vivirán un día en una nación donde no serán juzgados por el color de su piel, sino por los rasgos de su personalidad.
»¡Yo tengo un sueño hoy! [...]
»Sueño que un día cada valle será cumbre, y cada colina y cada montaña serán llanos; los sitios escarpados serán aplanados, y los sitios sinuosos serán enderezados; la gloria del Señor será revelada, y toda la humanidad, junta, la verá. [...]
»¡Que repique la libertad desde las poderosas montañas de Nueva York!

»¡Que repique la libertad desde los elevados Alleghenies de Pensilvania!
»¡Que repique la libertad desde las nevadas Montañas Rocosas de Colorado!
»¡Que repique la libertad desde las suaves colinas de California! [...]
»¡Que repique la libertad desde la Stone Mountain de Georgia!
»¡Que repique la libertad desde la Lookout Mountain de Tennessee!
»¡Que repique la libertad desde cada colina y cada alto de Misisipi!
Desde cada ladera, ¡que repique la libertad!».

La repetición también puede consistir en la formulación del mismo concepto, o de la misma información, de diferente manera, o estimulando canales de percepción distintos. El valor de dicho procedimiento reside en su capacidad para fijar el concepto o la información en la mente de los oyentes.

El concepto puede reafirmarse mediante un ejemplo, una historia, un chiste, una cita, una adivinanza...

Cuando, durante los cursos de *public speaking*, debo resaltar la importancia de mirar al público a los ojos, no me limito a ofrecer la información, sino que explico, por ejemplo, aquella ocasión en la que uno de mis alumnos pasó toda su conferencia mirándose las manos y, en un determinado momento, todos los presentes miraban, junto con él, sus manos. Cito frases célebres que subrayan la utilidad de la mirada para la comunicación, como esta de Napoleón: «Para hacerse comprender por

---

EL CONO DE EXPERIENCIA DE DALE

Edgar Dale, investigador americano experto en aprendizaje, ha elaborado un modelo conocido como «el cono de experiencia de Dale». Afirma que las personas recuerdan:

- El 20 % de lo que escuchan.
- El 30 % de lo que ven.
- El 50 % de lo que ven y escuchan.
- El 80 % de lo que ven, escuchan y hacen.

Por tanto, actuando al mismo tiempo sobre varios canales perceptivos, tenemos más posibilidades de llegar al público con nuestro mensaje.

las personas, es necesario, en primer lugar, hablar a sus ojos». Y planteo ejercicios que ponen en evidencia el diferente grado de implicación del público en el caso de que el discurso se efectúe mirando o no a la audiencia.

ANÉCDOTAS

Las anécdotas son historietas paradigmáticas procedentes de la literatura, la tradición popular o la experiencia personal, cuyo tema central es el concepto que se desea transmitir. Uno de tantos.

Se dice que el confesor de Luis XIV, cansado de darle la absolución por el mismo pecado de forma reiterada —traicionar a su esposa—, se quejó al soberano. Por única respuesta, el rey lo invitó a la corte e hizo que le sirvieran cada día para comer un único plato de caza: la perdiz. Se explica, también, que al tercer día el huésped protestó: «Pero, Señor, siempre perdiz!». Y el soberano contestó: «¡Pero, amigo mío, siempre reina!».

Esta es una anécdota muy útil para demostrar que cada parte tiene sus razones y que todo sistema filosófico es coherente.

EXPERIENCIA PERSONAL

Las historias extraídas de lo que personalmente experimentamos tienen un poder comunicativo especial. Son una ventana a nuestro interior que abrimos para el público. Una intrusión en nuestra privacidad que permitimos a los demás. Un regalo que crea connivencia e intimidad.

En una ocasión, en una clase de recién licenciados que se iniciaban en el mundo laboral, tuve que explicar cómo empecé mi trayectoria en el mundo de la formación. Esto confirió un sentido y una viveza mayor a la lección, porque los participantes vieron a su alcance el objetivo para el cual asistían al curso: su futura inserción en el mundo del trabajo. La sesión resultó más participativa. Fue este un ejemplo de cómo una experiencia personal puede representar un valor formativo para el público.

EJEMPLOS

Los ejemplos sirven para hacer más sencillos y fáciles de comprender conceptos abstractos o ideas generales. Una forma de lograr que las tesis que exponemos sean más atractivas y se recuerden mejor consiste en expresar nuestro punto de vista, plantear un ejemplo que lo apoye y lo haga más vivo y claro a los ojos del público, y, para finalizar, reafirmar la propia posición.

Si pretendiésemos demostrar que no es necesario realizar recortes de personal para superar una fase crítica de la empresa, podríamos utilizar como apoyo la política que ha dado buenos resultados en la competencia: «La solución no pasa por la reducción de personal, como muestra, por ejemplo, la experiencia de la empresa de manufacturas XXX; llevando a cabo recortes de personal la moral del personal no se mantendrá más alta, ni trabajarán mejor, ni se incrementarán los beneficios».

Estadísticas

Las estadísticas son números capaces de crear relaciones entre fenómenos. Agrupando grandes cantidades de informaciones en categorías, las estadísticas confieren claridad a las situaciones y hacen comprensibles para el público aspectos complejos de la realidad.

Las estadísticas se ocupan de definir medidas o tamaños, indicar segmentos, establecer tendencias. Si nuestro objetivo consiste en dar credibilidad a nuestras afirmaciones, los números que ofrezcamos al público deben ser precisos y elaborados, pero será necesario que se simplifiquen si el objetivo es que se recuerden.

En 1958 el déficit de Estados Unidos era de mil millones de dólares. El presidente Eisenhower buscaba el modo de concretar aquel dato estadístico impresionante, que podría resultar abstracto para los americanos. Preguntó entonces a su redactor de discursos, Kevin McCann, si, imaginando todas las monedas de un dólar que implicaba la cifra y poniéndolas una junto a otra, se llegaría a la luna. McCann pidió al Departamento de Comercio que llevase a cabo una investigación estadística. En un discurso ofrecido la semana siguiente Eisenhower dijo: «Para comprender el déficit de mil millones de dólares, imaginen todas las monedas de un dólar que componen mil millones y colóquenlas una junto a otra. Sería más que ir y regresar de la luna».

Testimonios

Mencionar opiniones o conclusiones de otras personas relacionadas con la cuestión que se aborda puede servir de apoyo y puede añadir credibilidad a nuestra posición, a nuestro punto de vista.

Obviamente, el poder del testimonio es tanto mayor cuanto más autorizada y creíble es la persona llamada a dar testimonio a través de sus palabras. La persona citada, en especial, debería poseer la experiencia o la preparación necesarias para hablar sobre el tema que se está tratando.

«Como dice el profesor Robert Cialdini, de la Universidad de Tempe, en Arizona, experto en comunicación persuasiva, todos hemos sido educados para respetar a la autoridad».

Citas

Las citas pueden contribuir a dar credibilidad al orador y al discurso, siempre que se formulen de manera precisa y se mencione la fuente. «He leído en algún lugar una frase que decía más o menos así... »: presentar de este modo la cita puede debilitar el efecto comunicativo.

ALGUNAS CITAS ÚTILES PARA EL ORADOR

Liderazgo
«Yo no envuelvo mis palabras con mentiras; los actos son la verdad de cada hombre» (Píndaro, poeta griego, 518-438 a. de C.).
　«Todos estamos en la cloaca, pero algunos miramos hacia las estrellas» (Oscar Wilde, escritor inglés, 1854-1900).
　«Profesional es aquel que no tiene miedo de cometer errores, aquel que no siente temor porque, para él, el precio del conocimiento es inconmensurablemente superior. Es aquel que tiene un sistema siempre abierto, que deja siempre espacio para los descubrimientos, no sólo propios, sino también ajenos» (Jurij Alschitz, director ruso).

Cambio
«Debes mudar de ánimo, no de cielo, pues nunca mejora su estado quien muda solamente de lugar, y no de vida y de costumbres» (Séneca, filósofo latino, 4 a. de C.-65 d. de C.).
　«Nadie puede convencer a otro para que cambie. Cada uno de nosotros es el guardián de una cancela que sólo puede ser abierta en su interior. No podemos abrir la cancela de los demás, ni con la razón, ni con el sentimiento» (Marilyn Ferguson, poeta americana, 1954).
　«Llevo en mi interior el germen, la chispa, la posibilidad de disfrutar de todas las capacidades y todas las actividades» (Thomas Mann, escritor alemán, 1875-1955).

«No se puede entrar dos veces en el mismo río» (Heráclito, filósofo griego, c. 550-480 a. de C.).
«El sol es nuevo cada día» (Heráclito).
«Nada es permanente, excepto el cambio» (Heráclito).
«Nada es duradero, salvo el cambio» (Ludwig Börne, escritor alemán, 1786-1837).
«Sólo puede ser feliz siempre el que sepa ser feliz con todo» (Confucio, filósofo chino, c. 551-479 a. de C.).
«Lo único que realmente sabemos sobre la naturaleza humana es que cambia» (Oscar Wilde).
«La vida es un ataque frontal contra el mecanismo repetitivo del universo» (Alfred N. Whitehead, filósofo y matemático inglés, 1861-1947).

Novedad
«Las nuevas opiniones siempre son puestas en tela de juicio y encuentran oposición, generalmente, sin ninguna otra razón que por ser nuevas» (John Locke, filósofo inglés, 1632-1704).
«Nada es perfecto al nacer» (Cicerón, escritor y político romano, 106-43 a. de C.).
«Todas las cosas que ahora se consideran muy antiguas antes fueron nuevas» (Tácito, historiador latino, c. 54-120).
«El progreso no es un accidente, sino una necesidad, una parte de la naturaleza» (Herbert Spencer, filósofo inglés, 1820-1903).

Realidad y representación
«Lo que inquieta al hombre no son las cosas, sino las opiniones acerca de las cosas» (Epícteto, filósofo griego, 50-115).
«Tu mente será como tus pensamientos habituales, ya que el alma se tiñe del color de tus pensamientos» (Marco Aurelio, emperador romano, 121-180).

Comunicación
«Acostúmbrate a escuchar atentamente lo que los demás dicen, e intenta adentrarte todo lo que puedas en el alma de quien habla» (Marco Aurelio).
«La elocuencia es una pintura del pensamiento» (Blaise Pascal, filósofo francés, 1623-1662).
«La habilidad para tratar con la gente es un artículo que se puede comprar, como el azúcar o el café. Y pagaré más por esa capacidad que por cualquier otra» (John D. Rockefeller, industrial estadounidense, 1839-1937).

Fragmento del discurso de Rudolph Giuliani, pronunciado el 23 de septiembre de 2001, en el Yankee Stadium de Nueva York, durante la ceremonia de conmemoración por las víctimas del 11 de septiembre:

«[...] la Biblia dice, en el Evangelio según San Juan 15, 13: "Nadie tiene mayor amor que el que da su vida por los amigos". Nuestros valientes bomberos de Nueva York, los policías, la autoridad portuaria, el personal sanitario y muchos otros dieron la vida de manera altruista. Les impulsaba su sentido del deber y su amor por la humanidad».

COMPARACIÓN Y CONTRASTE

La comparación y el contraste ofrecen la posibilidad de aclarar los conceptos en virtud de las semejanzas o las diferencias que establecen con otros conceptos.

En particular, la comparación expresa el concepto de semejanza, crea vínculos, analogías. Por su parte, el contraste es el proceso que se centra en las diferencias; puede resultar muy útil con la finalidad de realzar nuestra posición.

Veamos un ejemplo emblemático extraído de *Julio César* de Shakespeare, concretamente del discurso que pronuncia Antonio sobre el cuerpo sin vida de César:

«Todos conocéis este manto. Recuerdo cuando César lo llevó por primera vez. Era una tarde de verano, en su tienda. Ese día venció a los nevos. Ved, por aquí penetró el puñal de Casio. Mirad qué rasgadura hizo el envidioso Casca. Por esta otra hirió Bruto, el bienamado. Y observad cómo, al retirar su maldito acero, la sangre de César parece haberse lanzado en pos de este, como para cerciorarse de si era Bruto en verdad quien le había herido tan cruelmente. Porque Bruto, bien lo sabéis, era el muy amado de César».

Antonio evoca, en primer lugar, la imagen del manto en una situación de victoria, la noche de fiesta, para hacer más violenta a los ojos del pueblo romano la vista del mismo manto abandonado en el suelo, empapado de sangre y rasgado por las puñaladas infligidas por Bruto y los conjurados.

LA EXPERIENCIA PRÁCTICA: LOS EJERCICIOS

Hacer que el público intervenga puede resultar útil para mantener despierta su atención y lograr que se implique. Veamos un ejemplo.

El consejero americano Stephen Covey dio un auténtico golpe de escena durante una Convención Nacional de Conferenciantes. Comenzó su intervención invitando a las dos mil personas presentes en la sala a que indicasen en qué dirección se encontraba el norte. Los puntos señalados por los presentes estaban en todas las direcciones. Covey pidió entonces a las personas que estaban seguras de dónde se encontraba el norte que se levantasen, cerrasen los ojos e indicasen de nuevo la posición. Un 10% aproximadamente de los presentes se levantó e hizo lo que les pidió, y todos los demás comenzaron a reír: los puntos indicados seguían estando en todas direcciones. Covey explicó que lo que había sucedido era muy similar a lo que ocurre en muchas empresas: se cree conocer hacia dónde se dirige la compañía, pero, en realidad, quien trabaja en ella no sabe con claridad hacia dónde se encamina la misma.

En este caso el ejercicio se utilizó al inicio de la intervención, pero puede servir para revalidar una tesis del orador en cualquier momento del discurso. Y es bastante probable que al finalizar el encuentro, si se pregunta sobre el discurso, se recuerde la experiencia realizada, más que el argumento teórico.

La metáfora

La metáfora tiene un extraordinario poder terapéutico, catártico. ¿Por qué el gran teatro todavía nos atrae, nos conmueve, nos llega a lo más hondo? Porque nos obliga a realizar un viaje por nuestro interior, hacia los lugares oscuros, para renacer en un nivel más elevado de conciencia. Porque es una metáfora, una extraordinaria metáfora de la vida.

Bruno Bettelheim, uno de los máximos expertos en psicología infantil, nos enseña el poder extraordinario que tienen los cuentos en el desarrollo del niño. Gracias a los cuentos, y a su lenguaje metafórico, el niño afronta aquello que de otro modo no sería capaz de afrontar. Mediante la metáfora conducimos al público a través de un proceso de autoconocimiento menos agresivo y más potente.

¡Qué grandes metáforas nos ofrece Shakespeare sobre los riesgos que entraña el poder, hoy igual que ayer, a través de las figuras de los gobernantes que pueblan sus obras teatrales! ¡Qué eficaz decir, como Gozzano, «Tenía el ánimo otoñal», más que hacer referencia a una tendencia a la melancolía, a la reflexión, al retraimiento de una persona!

La metáfora es una figura retórica que se basa en la analogía y transfiere el significado a un campo semántico más amplio, como indica el origen de la palabra, del griego *meta*, «sobre», y *phorein*, «transportar». Es el «medio de transporte» del que se han servido todos los grandes sistemas culturales para vehicular en el tiempo visiones éticas, poéticas, filosóficas...

La gran fuerza de la metáfora reside en la libertad interpretativa que concede a quien la escucha y, por tanto, en la posibilidad de abrir nuevos horizontes.

«La metáfora dispone de virtudes a menudo menospreciadas: es un "indicador de no-linealidad, una apertura del texto o del pensamiento a diferentes interpretaciones y reinterpretaciones, una invitación a razonar con las ideas personales de un lector o interlocutor". Una combinación de metáforas puede aportar más conocimiento que un cálculo o una denotación. De este modo las metáforas de un enólogo, que evoca el cuerpo, el carácter afrutado, el aroma, el sabor, la intensidad, la astringencia, y que se refiere a los aromas mediante analogías, describen de manera más precisa, concreta y sensible las cualidades de un vino que los análisis moleculares y las proporciones químicas» (E. Morin).

Extraordinaria metáfora sobre nuestro tiempo, sobre la vida contemporánea, me parece aquella página de *El difunto Matías Pascal* en la cual el señor Anselmo explica al señor Meiss que en un teatro de marionetas en Roma se representará *Electra* de Sófocles:

«Y oiga usted, qué idea tan peregrina se me ha ocurrido. Si en el momento culminante, es decir, cuando el fantoche que representa a Orestes esté a punto de vengar en Egisto y en su madre la muerte del padre, se abriese una brecha en el cielo de papel del teatrillo, ¿qué pasaría? [...] Pasaría que Orestes se quedaría terriblemente desconcertado a la vista de aquel desgarrón del cielo. [...] Orestes seguiría animado por sus impulsos de venganza, y con delirante afán querría ponerlos por obra; pero, a pesar suyo, se le irían los ojos detrás de aquel agujero, por el cual bajarían ahora a la escena toda suerte de malos influjos, y al pobre acabarían por caérsele los brazos. Es decir, que Orestes se convertiría en un Hamlet. Toda la diferencia entre la tragedia antigua y la moderna consiste en eso; no le dé usted vueltas, señor Meiss: en una brecha abierta en un cielo de papel».

Y me recuerda —esta brecha abierta en el cielo de papel— aquel «anillo que no tiene» de Montale:

> *«Ved, en estos silencios en los que las cosas se abandonan y parecen a punto de traicionar su último secreto, a veces nos espera descubrir un error de la naturaleza, el punto muerto del mundo, el anillo que no tiene...».*

¿QUÉ ESTILO? ¿Y CON QUÉ OBJETIVO?

Le style est tout; et tout dépend du style. El estilo lo es todo, nos dice Flaubert, pero ¿qué es el estilo? El ritmo, en primer lugar, el tempo justo, la forma apropiada. Claridad, conveniencia, elegancia, armonía, concisión —como dicen los manuales de estilo—, pero sobre todo la fuerza del discurso, su capacidad para llegar al corazón, a los ojos, a la imaginación.

Para «marcar la diferencia», no basta con un discurso agradable; es necesario captar la atención, ser incisivo, eficaz, brillante. Hay que seducir al público.

No basta con tener ideas, es necesario saber comunicarlas. Se requiere estilo. Pero ¿qué estilo?

> *«En primer lugar, debemos conocer cuál es el estilo más adecuado para poner al juez de nuestra parte, para informarle y conmoverlo, y cuál es nuestro objetivo en cada parte de la oración» (Quintiliano).*

No existe, por tanto, «el» estilo: el único adecuado o conveniente. Existe «un» estilo: el adecuado al público y el objetivo específicos.

RAZONES Y EMOCIONES

En el capítulo precedente hemos explicado que existen dos estilos de pensamiento asociados a las diferentes especializaciones de los hemisferios cerebrales. Estas dos modalidades de pensamiento se traducen de manera diferente en términos de lenguaje.

En concomitancia con la existencia de un hemisferio —el izquierdo— caracterizado por una forma de pensamiento más racional, existirá un estilo de lenguaje basado en el ejercicio de la capacidad lógica y de análisis. En correlación, en cambio, con una función de pensamiento más analógica —manifestación de la actividad del hemisferio derecho—, existe una expresión lingüística de carácter más subjetivo y afectivo.

A la hora de elegir el estilo comunicativo y expresivo, es necesario tener en cuenta que el ser humano experimenta ambas dimensiones y que, por lo tanto, la adopción de un lenguaje que las contemple simultáneamente llegará a satisfacer las dos capacidades humanas fundamentales: la racional y la emotivo-afectiva. Por otra parte, también es cierto que grupos diferentes y temas distintos implicarán la adopción de uno de los dos enfoques en mayor medida.

Pienso, por ejemplo, en situaciones en las que me he encontrado hablando con grupos en los que todos los participantes eran ingenieros. El estilo metodológico aplicado al curso exigía una intervención caracterizada principalmente por un enfoque de tipo lógico-racional. Esto no quiere decir, no obstante, que no recurriese también a una dimensión subjetiva y connotativa, pero lo hacía con menor énfasis.

«Existen dos lenguajes unidos en el lenguaje: uno que denota, objetiva, calcula, que se basa en el razonamiento lógico, y otro que connota (evoca los posibles significados contextuales en torno a las palabras o expresiones), juega con las analogías, tiende a expresar afectividad y subjetividad. Ambos lenguajes se unen para formar nuestro lenguaje cotidiano. Una de las riquezas del lenguaje diario es que combina ambos lenguajes y traduce de este modo la complejidad racional-afectiva del ser humano. Cuando quiere ser sobre todo racional, el discurso se desarrolla bajo un intenso control empírico y lógico, tiende a reducir sus elementos analógicos a semejanzas, y sus elementos simbólicos a signos o convenciones. Cuando quiere ser poético, el discurso se deja transportar por la música de las palabras, por las asonancias, por las imágenes (pero no excluye de hecho el control)» (E. Morin).

EL PODER CREATIVO DE LA PALABRA

Utilizar uno u otro lenguaje en cada caso determina un tipo de comportamiento. Por tanto, en lo que respecta a la adopción del estilo más adecuado a una intervención en público, debemos tener en cuenta también el poder creativo de la palabra.

«En el principio existía la Palabra *(logos)* y la Palabra estaba con Dios, y la Palabra era Dios». En el prólogo del Evangelio según San Juan la Palabra es expresión de la divinidad, es la divinidad y es, por tanto, una Palabra que crea: «Todo se hizo por ella y sin ella no se hizo nada de cuanto existe».

No obstante, la palabra siempre crea. Cuando decimos «No te soporto» o bien «Te quiero», hemos creado una relación, de un tipo o de otro. Hemos «dado vida» a una relación con el interlocutor utilizando sólo dos o tres palabras.

Por este motivo, en el ámbito de la comunicación, siempre se sugiere que con el fin de crear una relación positiva se utilice un lenguaje positivo.

«Soy puntual», «No me retraso»: ambas expresiones no parecen muy diferentes en cuanto a significado, pero la segunda ha dado cuerpo a la idea de retraso, aunque sea para negarla.

«Si existe algo ofensivo en un determinado argumento, es posible eliminarlo moderando el tono de nuestras palabras. Esto sucede, por ejemplo, si defines como "excesivamente severo" a un hombre duro, si dices que un hombre injusto es "un hombre que se deja engañar por sus convicciones", si hablas de un hombre obstinado como de "alguien que es muy tenaz en sus propósitos"» (Quintiliano).

DISPOSITIO

La *dispositio* es la fase de preparación del discurso en la que nos ocupamos de poner en orden los materiales seleccionados en la fase precedente, la de la *inventio*.

«Es necesario construir las vías sobre las que pueda circular el tren; nosotros, en cambio, construimos el tren sin pensar en las vías», escribe el director ruso K. S. Stanislavski.

Stanislavski piensa en el proyecto de dirección teatral, pero esta consideración también vale para el discurso.

Para que un discurso funcione, es necesario un diseño claro, un desarrollo orgánico del recorrido, las «vías».

La organización gira en torno a la idea general del discurso. Una vez que hayamos identificado dicha idea central, podremos definir los puntos clave, decidir qué materiales utilizar de aquellos que han aparecido en la fase de producción de ideas, cómo organizar el discurso y de qué manera crear conexiones entre las diferentes partes.

Inicio, desarrollo y conclusión

Un discurso se compone de tres partes: inicio, desarrollo y conclusión. Las tres son importantes y han de estructurarse cuidadosamente.

En un estudio realizado en 1946, N. Edd Miller afirma que, de promedio, el tiempo dedicado por los oradores al inicio es el 10% de la duración total del discurso, mientras que el reservado para la conclusión es del 5%. El tiempo restante (el 85%) se utiliza, por tanto, para el desarrollo de la conferencia.

Por este motivo, el 85% de nuestra intervención se dedicará a tratar, a desarrollar y a argumentar los diferentes temas. La manera en que los relacionemos y los expongamos al público que tenemos delante será decisiva para su eficacia.

SELECCIÓN Y DISPOSICIÓN DE LA MATERIA

La dificultad del orador para seleccionar los puntos clave de su intervención, aquello que es prioritario y realmente útil, representa una amenaza para la construcción del discurso. Cuando se conoce un tema de manera profunda, se corre el riesgo de ofrecer muchos —demasiados— datos al público, porque al orador le cuesta discriminar lo que realmente es necesario de lo que no.

Por este motivo, lo primero que debe hacer es depurar la materia, en función del objetivo que se haya marcado y las características de la audiencia.

Conviene tener siempre presente que el grado de retención del público tiene límites, por lo que es mucho mejor ofrecer informaciones de manera limitada, pero de forma que puedan permanecer en la mente de los oyentes durante el mayor tiempo posible.

Una vez que hayamos decidido cuáles son los puntos clave y qué materiales de apoyo utilizaremos, debemos determinar la secuencia en que presentaremos dichos contenidos, cómo crear las conexiones entre las diferentes partes.

> «*Es necesario saber, en cualquier momento, qué elemento debe colocarse primero y cuál después, y seguir así*» (*Quintiliano*).

Los modelos clásicos

Existen modelos clásicos de ordenación de la materia. Son el cronológico, el espacial, el causal y el analítico (esquema numérico/alfabético).

El *modelo cronológico* se organiza temporalmente, tiene un punto de inicio y un final. La elección del inicio y del final de la escala temporal depende de la idea central del discurso. La unidad de medida puede ser: segundos, minutos, horas, días, semanas, meses, años, siglos, milenios... Cuando explicamos una historia, este modelo puede resultar especialmente útil porque permite seguir el desarrollo de los acontecimientos.

Ejemplo
Desde este punto de vista, un discurso dedicado a la trayectoria pictórica de Picasso podría organizarse de la siguiente manera:

1. Primera fase: comienza en 1900, año en que Picasso llega a París, entonces capital artística de Europa, y finaliza en 1906 con *Las señoritas de Aviñón*, cuadro que supone el inicio de la experiencia cubista:

    a) 1900: primer viaje a París y contactos con el ambiente artístico parisino.
    b) 1901-1904: periodo azul, así denominado debido a la dominancia de este color en una pintura todavía ligada a la cultura europea de fin de siglo.
    c) 1904-1905: periodo rosa, marcado por la búsqueda de un limpio clasicismo formal.
    d) 1906: *Las señoritas de Aviñón*.

2. Segunda fase: el periodo cubista:

    a) 1909-1912: se suele hablar de cubismo analítico, periodo de la «descomposición plástica de las imágenes naturales».
    b) 1912-1916: cubismo sintético, en el que el análisis del objeto se realiza de acuerdo con las asociaciones mentales subjetivas del artista.

3. Tercera fase: el encuentro con el surrealismo:

    a) 1925: Picasso participa en la primera exposición surrealista. Es el año en que pinta *Las tres bailarinas*, primera página de esa especie de monólogo interior que de ahora en adelante serán las obras del artista.
    b) 1937: año del *Guernica*, cuadro que representa la ciudad vasca devastada por la guerra civil.

4. Cuarta fase: después de la guerra. Picasso redescubre su vena idílica y romántica.

El *modelo espacial* se basa en la colocación en el espacio de los temas centrales del discurso. Las referencias espaciales comportan la idea de localización, de posición respecto a y de dirección. Comprenden movimientos de un lado hacia otro, de arriba abajo, de izquierda a derecha, de dentro a fuera.

Ejemplo
Así podría organizarse, por ejemplo, un recorrido por las costas de Sicilia.

1. Recorrido para descubrir las más bellas costas sicilianas.

a) Se comienza en Giardini di Naxos, en la costa noreste de la isla.
b) Se desciende por la costa hasta llegar a la Punta delle Formiche, el punto más meridional de Sicilia, pasando por las reservas naturales de Simeto y de Vindìcari.
c) Desde ahí se asciende siguiendo la costa por la región de Agrigento, con las conocidas localidades de Porto Empedocle y Eraclea Minore, hasta llegar a la reserva natural del río Belice. A continuación, siguiendo hacia el norte, se llega a la blanquísima playa de San Vito lo Capo.
d) Se regresa al punto de partida, encontrando en el norte de la isla, en este orden, la reserva del Zingaro, la playa de Cefalù y, más al este, Capo d'Orlando.

El *modelo causal*, que se basa en el principio de causa-efecto, resulta especialmente eficaz para organizar el discurso, porque crea fuertes conexiones entre las diferentes partes. Se puede partir o bien de una causa, que lleva a prever determinados efectos futuros, o bien de un efecto, que permite señalar o proponer la causa que lo ha generado.

Ejemplo
La Guerra de las Investiduras entre el papa Gregorio VII y Enrique IV, en el siglo XI, puede organizarse eficazmente siguiendo este modelo.

1. La convocatoria de un nuevo concilio, en 1075, en el que se sanciona la prohibición de que los eclesiásticos sean investidos por parte de laicos, inicia la Guerra de las Investiduras:

a) Después de esta decisión, y de la amenaza de excomunión del soberano por parte de Gregorio VII, Enrique IV y los obispos alemanes declaran depuesto al papa.

b) Gregorio VII cumple la amenaza y excomulga a Enrique IV.
c) Amenazado por los príncipes alemanes con ser depuesto si antes de un año no ha obtenido la revocación de la excomunión, el soberano acude como penitente a Canossa, donde se encuentra con el papa, para pedir la absolución.
d) Tres días después Enrique IV obtiene la revocación de la excomunión, pero los príncipes alemanes eligen un nuevo rey. Esta acción desencadena la guerra civil, que ganará Enrique IV.
e) Gregorio VII excomulga nuevamente al rey y por ello es depuesto por Enrique IV, que será coronado emperador por el antipapa Clemente III.

El *modelo analítico* prevé que los argumentos se organicen de manera jerárquica en una secuencia que comprende categorías principales y subcategorías. Puede tratarse de categorías de personas, cosas, lugares, procesos... Muy fácil de utilizar, se emplea con mucha frecuencia en cualquier tipo de discurso.

Ejemplo
Veamos un ejemplo de un discurso sobre el estrés estructurado según la base del modelo analítico.

1. Síntomas del estrés:
  • Físicos.
  • Emocionales.

2. Tipos de estrés:
  • Físico.
  • Emocional.

3. Métodos para reducir el estrés:
  • Técnicas de relajación.
  • Meditación.
  • Planificación del tiempo.

CONEXIONES LÓGICAS: CÓMO CREARLAS

Una vez establecido cuál es el tipo de secuencia más adecuado para la materia que debemos tratar, es necesario que creemos conexiones lógicas entre una idea y la siguiente, entre un pensamiento y otro. Los enlaces o conexiones permiten convertir unos temas ordenados secuencialmente en un discurso propiamente dicho. Son puentes que conectan las ideas y crean un territorio conceptual definido y coherente.

Existen múltiples formas de crear conexiones entre las partes:

• Mediante palabras-puente, términos (sustantivos, conjunciones, adverbios, frases...) que llevan implícito el concepto de paso: *en consecuencia, además, por ejemplo, es la razón por la cual, por otra parte, en resumen, otro motivo es...*
• Con una pregunta.
• Retomando algo de lo que se ha dicho anteriormente.
• Repitiendo la última palabra de la frase precedente.
• Con imágenes.
• Con una pausa situada entre un concepto y otro, instrumento adecuado de transición no verbal, o con un desplazamiento físico de un lugar a otro en el espacio.

ELOCUTIO

«*El sentido recibe su dignidad de la palabra*» *(Pascal).*

La *elocutio* representa la elección lingüística, de estilo, practicada para traducir en palabras los contenidos que se intenta transmitir al público. Se ocupa tanto de las palabras en sí mismas como de la conexión entre ellas.

Tene rem, verba sequantur («Si posees el tema, las palabras seguirán»), decían los latinos. La tarea de traducir en palabras una idea será tanto más fácil cuanto más clara y precisa sea la idea que intentamos transmitir. Naturalmente, será necesario elegir el estilo más adecuado y coherente.

LOS TRES ESTILOS DE LA RETÓRICA

Según los oradores de la Antigüedad, los estilos de la retórica eran tres: *docere*, cuya finalidad era instruir; *delectare*, cuya función era entretener; *movere*, que tenía el objetivo de conmover.

«*Por este motivo, la capacidad para explicar los hechos y presentar las pruebas se basa principalmente en el estilo* docere *[...]*. Delectare *ofrecerá más metáforas y será más grato por las figuras retóricas; resultará agradable por las digresiones, cuidadoso por la composición, fascinante por las sentencias; en suma, deberá ser tranquilo como un río que refleja la luz del sol, pero que puede recibir la sombra de las plantas verdes que crecen en sus orillas. Pero el tercer estilo, similar a un torrente de aguas tumultuosas que arrastra las rocas, que "se encrespa por el puente" y que con su fuerza se abre camino, arrastrará al juez a pesar de su resistencia y lo obligará violentamente a ir a donde lo lleve»* (Quintiliano, XXII, 10).

La habilidad del orador residía precisamente en la capacidad para elegir el estilo adecuado al discurso y a la situación.

También el orador contemporáneo debe identificar el estilo más adecuado al objetivo que se ha propuesto y al contexto en el que ha de actuar. Adoptará, por tanto, dependiendo del caso, un estilo directo y sencillo, o formal —más próximo al lenguaje escrito que al hablado—, o muy expresivo e imaginativo, o, también, técnico, si debe hablar a un grupo de expertos en una materia.

TROPOS Y FIGURAS RETÓRICAS

Las figuras retóricas pueden definirse como «procedimientos estilísticos», que podemos decidir usar o no, según nuestro gusto y estilo personal, y que siguen reglas precisas y codificadas.

La función de las figuras retóricas es al mismo tiempo estético-ornamental y persuasiva. Sirven tanto para enriquecer el estilo, para hacer el discurso más atractivo desde el punto de vista lingüístico (la poesía abunda en figuras retóricas), como para convencer mejor al público de las propias razones.

Podemos dividir las figuras en categorías:

- Figuras de dicción.
- Figuras de sentido: los tropos.
- Figuras de construcción.
- Figuras de pensamiento.

Las *figuras de dicción*, imposibles de traducir a otra lengua, se relacionan sobre todo con el ritmo. Otorgar ritmo al discurso significa dotarlo de poder persuasivo, por cuanto facilita escucharlo y recordarlo. Entre las principales figuras de este tipo citaremos:

— la *aliteración*, o repetición de uno o más sonidos. La proclamación de los valores universales de la Revolución francesa es un buen ejemplo de aliteración: *Liberté, égalité, fraternité*;
— la *rima*, o repetición regular de una sílaba (esta figura debe evitarse fuera del ámbito poético, porque podría inducir a nuestro público a la risa);
— la *antanaclasis*, o repetición de la misma palabra pero con un significado distinto. En la conocida expresión de Pascal «El corazón tiene razones que la razón no comprende», el mismo término debe entenderse en el primer caso (razones) como «motivos» y en el segundo (razón), como «facultad de pensamiento».

Se habla de *figura de sentido* (tropo) cuando una palabra se utiliza con un significado que no es el acostumbrado. Existen diversos tropos, pero se consideran especialmente relevantes, porque de ellos se derivan los demás, la metonimia, la sinécdoque y la metáfora:

— la *metonimia* consiste en señalar un sujeto (el violinista) con el nombre de otro (el violín). Por ejemplo: «Es el primer violín de la orquesta». La sustitución es posible porque entre ambos sujetos existe un vínculo habitual que permite a uno reclamar al otro;
— la *sinécdoque* se utiliza para designar un todo con el nombre de una de sus partes, o viceversa. Por ejemplo: «cien cabezas» para decir «cien personas»;
— la *metáfora* traslada el sentido literal de la palabra a otro figurado, en virtud de una comparación tácita. Por ejemplo: *Homo homini lupus* («El hombre es un lobo para el hombre»). Para comprobar que nos hallamos frente a una metáfora debemos ser capces de introducir en la frase alguna de las siguientes expresiones: *es similar, es igual, es como*, sin variar el sentido (El hombre es como un lobo para el hombre).

Las *figuras de construcción* se relacionan con la sintaxis. Entre estas destacan:

— la *repetición*;
— el *anacoluto*, del griego, «desconectado, sin continuidad», que es un cambio repentino en la construcción sintáctica que produce una inconsistencia. Es una figura muy empleada en el habla coloquial y en refranes y proverbios como: «Reunión de pastores, oveja muerta», que muestra un cambio repentino en la construcción de la frase;

— la *gradación*, que consiste en disponer las palabras en orden creciente de importancia o longitud. «Yo me he separado; he huido de Él, lo he renegado, crucificado» (Pascal en el *Memorial*).

Las *figuras de pensamiento* afectan a la relación entre el orador y sus palabras. Son figuras de pensamiento:

— la *alegoría*, una forma de revelar una verdad escondiéndola. La *Divina Comedia*, el *Cantar de los Cantares* en la Biblia, *Esperando a Godot* de Beckett son grandes alegorías, respectivamente, del camino de salvación del hombre, de la relación entre Dios y la Iglesia, de una espera del sentido «que no llega nunca». Otro ejemplo, «Una flor no hace verano»: un momento feliz no es garantía de felicidad;
— la *ironía*, esto es, decir lo contrario de lo que se pretende, no con intención de mentir, sino como diversión, para hacer reír;
— la *agudeza*, que es auténticamente eficaz si es imprevista;
— la *pregunta retórica*, que es la que se formula sin esperar respuesta, porque esta es evidente;
— la *preterición*, que consiste en afirmar que no se quiere hablar de algo mientras se está hablando de ello: «No os diré qué desconcierto provocó...».

Hablar con propiedad

La expresión *hablar con propiedad* significa «ser preciso en el uso de los vocablos en lo que a su significado se refiere». Antes de ocuparse de la eficacia de la expresión, la estilística nos invita a expresarnos con propiedad. Si en el texto escrito resulta especialmente importante, también lo es en la lengua hablada. Este objetivo puede lograrse empleando los términos adecuados y las expresiones convenientes, y mediante el equilibrio y la elegancia formales.

Qué palabras utilizar

Veamos el primer problema, que consiste en hallar la palabra correcta para el concepto que se desea expresar. A lo largo de los siglos, al pasar de boca en boca, de pueblo en pueblo, de cultura en cultura, el significado original de las palabras a menudo se ha perdido, transformado o deformado por el camino.

Conseguir que las palabras recuperen su fuerza primitiva, restituyéndoles su valor comunicativo, significa hablar con propiedad. Una selec-

> **ALGUNAS SUGERENCIAS DE CARÁCTER GENERAL**
>
> - Es mejor utilizar la forma activa de los verbos que la pasiva. En esta última la acción es sufrida por el objeto, lo cual hace que la comprensión sea menos inmediata.
> - Es aconsejable preferir la coordinación a la subordinación.
> - Las frases deben ser breves, rápidas e incisivas.
> - Es preferible el lenguaje concreto que el abstracto.
> - Resulta conveniente evitar el uso excesivo de dobles negaciones (que dan lugar a una afirmación): «Considero que podría...» funciona mejor que «No considero que no pudiese...».
> - Han de crearse transiciones coherentes entre las frases.
> - Es mejor reservar los términos técnicos para los discursos destinados a especialistas en la materia.

ción adecuada de las palabras evitará la posibilidad de malentendidos por parte del público. Sobre todo si se recurre a términos de naturaleza predominantemente abstracta, el margen de interpretación subjetiva es muy alto, y, por tanto, el esfuerzo para aclarar el significado que se está atribuyendo a la palabra suele ser mayor.

Estilo conveniente, claridad, elegancia

Hablar con propiedad implica también elegir el estilo más conveniente a la materia tratada. Así como no nos vestimos del mismo modo para ir a una boda que para participar en un torneo de tenis, es igualmente oportuno modificar el tono del discurso en función del tema que se trata.

Hablar con propiedad significa también ser claros, concisos, pero al mismo tiempo elegantes y armoniosos. Por este motivo, regresando a la metáfora del vestido, los colores deben ser acordes a la circunstancia, los pantalones armónicos con la chaqueta, los accesorios apropiados. Esta es la coherencia del discurso.

LA FUERZA DE LA ARGUMENTACIÓN

«La retórica puede definirse como la facultad de ver aquello que es apto en cada caso para persuadir. Ninguna otra técnica tiene esta función. Cada una de las demás técnicas, en efecto, en relación con su objeto, es apta para la enseñanza y para la persuasión: la medicina, por ejemplo, en lo que atañe a la salud y las enfermedades;

la geometría, en lo que respecta a las variaciones accidentales de las magnitudes, y la aritmética, en lo referente a los números, y lo mismo sucede con el resto de técnicas y de ciencias. La retórica, en cambio, podríamos decir, parece que es la facultad de ver teóricamente en todo objeto propuesto qué hay de persuasivo»
(Aristóteles, Retórica, *I, 2, 1355b).*

Con el tema de la argumentación llegamos al núcleo del significado de la retórica: una teoría del discurso persuasivo. Es el principal instrumento para convencer a alguien de algo, o de que haga algo, es el modo en que el discurso se organiza lógicamente.

«Argumentar significa también disponer ideas y conocimientos en una relación de interacción lógica y oportuna sucesión, de manera que produzca acuerdo o refutación respecto a determinadas afirmaciones. [...] Es la actividad que nos permite producir y comprender razonamientos para aclarar las transposiciones, definir nuestras opiniones sobre la realidad que nos circunda y nos afecta»
(V. Lo Cascio).

Características de la argumentación

La argumentación muestra algunos rasgos característicos. Veámoslos.

• Es una actividad social, porque prevé siempre la presencia de un interlocutor, interlocutor que, en algunos casos, como al hablar en público, está representado por personas físicas cuyo consenso se desea obtener, mientras que otras veces es un interlocutor imaginario, que sirve a quien argumenta para justificar la presentación de una tesis. Por último, a veces el interlocutor es el mismo individuo que valora por sí mismo las ventajas y los inconvenientes de una toma de posición.

• Argumentar es, por naturaleza, un proceso racional. Nada impide que pueda estimularse también un componente emotivo, pero la argumentación es sobre todo una actividad intelectual basada en el uso de un procedimiento dado mediante un ejercicio de razonamiento, consciente e intencionado.

• El uso del lenguaje (escrito o hablado) es un componente imprescindible en el proceso de argumentación.

• Si no existe como mínimo la hipótesis de posiciones divergentes, de opiniones contrapuestas, no existe tampoco la necesidad de argumentar.

Argumentatio autem nisi in re controversa locus esse non potest, escribió Quintiliano (*Institutio*, V, 9, 2).
- El objetivo de la argumentación es convencer a alguien de la bondad o incorrección de una tesis. Tiene la finalidad de modificar las opiniones, creencias y comportamientos.

Un texto argumentativo debe prever la existencia de los siguientes elementos:

a) un *tema* objeto de debate;
b) un *protagonista*, aquel que propone una tesis argumentativa e intenta persuadir a un *antagonista*, un interlocutor real o aparente, de la conveniencia de su posición;
c) un *razonamiento capaz de persuadir* sobre la validez de una determinada tesis, compuesto de:
d) por lo menos, una *opinión* y uno o más *argumentos*, seleccionados de acuerdo con las características culturales de los interlocutores;
e) una *fase intermedia* de cambio o consolidación de las opiniones expresadas;
f) una (eventual) *conclusión*.

Razonamiento argumentativo

Para que exista argumentación, y no simplemente afirmación de una posición o una idea, es necesario que la opinión expresada se apoye en argumentos. «Es mejor no comer chocolate» es simplemente una opinión; «Es mejor no comer chocolate porque es hipercalórico y por ello engorda» es un razonamiento argumentativo.

Junto a la opinión, o tesis, y a los argumentos que apoyan la opinión expresada, para completar la definición de los elementos que componen el proceso argumentativo es necesario incluir la regla general. A menudo dada por descontada, representa aquello que atribuye valor a las conclusiones alcanzadas por medio de los argumentos propuestos.

Un razonamiento argumentativo se compone, por tanto, de los tres elementos siguientes:

a) *argumento*;
b) *regla general*, que a partir del argumento permita formular la tesis;
c) *tesis* u opinión.

Ejemplo
«Lloverá, nuestra vecina sale a la calle con el paraguas».
Tesis: lloverá.
Argumento: nuestra vecina sale a la calle con el paraguas.
Regla general: la experiencia nos dice que, al salir de casa, una persona lleva un paraguas si está lloviendo o amenaza con hacerlo.

La argumentación puede plantearse incluso el simple objetivo de definir nuestra posición respecto a alguna cuestión, pero la mayor parte de las veces la finalidad de argumentar consiste en persuadir al interlocutor (uno mismo, otra persona o el público) de la validez de la propia tesis. En este caso, se puede considerar adecuada la argumentación sólo si ha alcanzado el éxito deseado y previsto por quien la propone.

APROXIMACIÓN PRÁCTICA A LOS INSTRUMENTOS DE LA PERSUASIÓN

Robert B. Cialdini, profesor de psicología de la Universidad Estatal de Arizona, se dedica desde hace muchos años a investigar los factores que intervienen en el ejercicio de la persuasión. Su tarea de investigación, que comenzó en los laboratorios universitarios, se trasladó pronto fuera de las aulas de la facultad para dirigirse allí donde el ejercicio de la persuasión no tiene un carácter especulativo, sino que es una práctica cotidiana relacionada con tareas profesionales.

PRINCIPIOS SOBRE LOS QUE HAY QUE ACTUAR

Respondiendo a anuncios de periódicos dirigidos a aspirantes a vendedores, entrevistando a especialistas en el arte de la persuasión —publicitarios, vendedores, relaciones públicas, encargados de la selección de personal— y consultando textos sobre ventas, Cialdini llegó a identificar algunos principios psicológicos que considera fundamentales para explicar el comportamiento humano y sobre los que actúan hábilmente los persuasores expertos para alcanzar sus objetivos.

Principio de contraste. Si dos cosas se muestran sucesivamente, sus características individuales se verán acentuadas al ser relacionadas entre sí.
Cialdini explica que acompañó a un hábil vendedor inmobiliario, que, como primer paso, no conducía nunca a sus clientes a ver el tipo de

vivienda que, según el análisis que había realizado previamente de sus necesidades, hubiese podido encontrar una acogida favorable. En primer lugar, los llevaba a ver un par de viviendas en pésimas condiciones, de manera que, cuando les proponía la elegida, esta resultaba, en comparación con las anteriores, más atractiva de lo que realmente era.

En publicidad este principio corresponde al esquema del «antes y después del tratamiento».

Principio de reciprocidad. El principio de reciprocidad explica la sensación de tener que hacer algo para pagar la deuda cuando alguien nos hace un favor, un regalo o una invitación.

Adoptando una posición de «benefactor antes que deudor», los hábiles persuasores colocan al interlocutor en la posición de tener que devolverles el favor. Transgredir la regla de reciprocidad genera cierto malestar interior y vergüenza en las relaciones con los demás.

Principio de coherencia. Se trata de un principio fuertemente enraizado en nosotros que representa un poderoso instrumento de persuasión. La coherencia se interpreta, desde el punto de vista social, como símbolo de integridad personal e intelectual. El problema surge, según Cialdini, en el momento en el que el deseo de ser y mostrarse coherente a los ojos de los demás y de uno mismo se convierte en una trampa capaz de condicionar nuestras decisiones. Por ello, si se induce al interlocutor a expresar una opinión sobre algo, no podrá evitar en una posterior pregunta dar una respuesta coherente con la anterior.

Principio de aprobación social. Adoptamos el principio de aprobación social en el momento en que valoramos algo teniendo en cuenta cómo lo hacen los demás. Cuando, para considerar adecuada una acción, se puede hacer referencia al comportamiento de un amplio número de personas, el principio de la aprobación social es más fuerte: el valor numérico actúa como garantía.

Es más fácil recurrir a este principio cuando no se tienen ideas claras con relación a una cuestión. Un ejemplo publicitario: «Es el producto más vendido».

Principio de autoridad. Desde la infancia, nos educan en el respeto a la autoridad, en tal medida que a veces resultan persuasivos incluso simplemente los símbolos del poder. Los títulos, el vestuario, determinados complementos (joyas, coches de gran cilindrada) suscitan a menudo deferencia.

Este principio determina en publicidad la inclusión de los testimonios y las citas de eminentes personajes, que refuercen las propias tesis, en el contenido del discurso.

Principio de la simpatía. Según este principio, aceptamos de buen grado a las personas que nos resultan simpáticas y nos gustan. En el transcurso de una conferencia, los conceptos transmitidos por nuestras palabras son filtrados de acuerdo con la relación que hemos establecido con el público. Si gustamos, nuestras palabras encontrarán una mejor acogida.

Principio de escasez. La posibilidad de una potencial pérdida desempeña un papel muy importante en los procesos de toma de decisión.

La limitación causada, por ejemplo, por la escasez numérica (las últimas piezas) o temporal (oferta válida durante pocos días) merma nuestra libertad de acción e incrementa nuestro interés por el objeto o servicio en cuestión, hasta el punto de que comenzamos a atribuir al producto deseado toda una serie de propiedades positivas capaces de justificar el deseo mismo.

EL PODER INDISCUTIBLE DEL «PORQUE»

La palabra *porque* es extremadamente persuasiva. Al respecto, es interesante el experimento de psicología social realizado por Langer en 1989. Entre las tres fórmulas utilizadas por personas que esperaban frente a una fotocopiadora para pedir permiso para pasar delante, resultó que en el 90% de los casos aquello que favoreció una respuesta afirmativa fue la presencia de una argumentación, con independencia de su consistencia. De las tres fórmulas, «Disculpa, tendría que pasar porque tengo prisa», «Disculpa, ¿puedo pasar?», «Disculpa, tendría que pasar porque tengo que hacer fotocopias», la segunda presenta una argumentación claramente inconsistente, y dan buenos resultados tanto la primera como la última, en las que aparece la palabra *porque* (R. Rumiati y D. Pietroni).

Así pues, ofrecer razones —esto supone el uso de la palabra *porque*— convence.

Se trata de un instrumento argumentativo; nos permite explicar nuestras afirmaciones, nuestra posición, las razones de nuestros «sí» y nuestros «no». Y, como demuestra el experimento de Langer, el uso del *porque* satisface más al público.

EXORDIO Y CONCLUSIÓN

El exordio y la conclusión representan dos momentos clave del discurso por los siguientes motivos: en primer lugar, estudios sobre la memorización han puesto de relieve que las cosas que se recuerdan con más facilidad son las primeras que se han visto u oído (efecto *primacy*) y las últimas (efecto *recency*). Por tanto, los datos ofrecidos al público que mejor se recordarán serán aquellos que forman parte del exordio y de la conclusión.

Añadamos que, durante los primeros segundos de un encuentro (de los siete a los noventa primeros segundos), el interlocutor —en nuestro caso, el público— se crea una idea de la otra parte *(véase el capítulo 4)*, idea que representará una especie de filtro interpretativo a través del cual se analizará el posterior comportamiento.

La impronta, la primera impresión que ofreceremos tanto de nosotros como de nuestro discurso decidirá en parte el curso de la intervención. Algunos consideran que el exordio representa un 25 % del éxito del discurso.

En cuanto a la conclusión, representa la última ocasión para recapitular y fijar en la mente del público lo que hemos dicho durante la conferencia. Es la última ocasión de que disponemos para reforzar nuestra relación con el público.

Exordio

> «*Todo lo que comienza tiene una virtud que ya no se vuelve a encontrar. Una fuerza, una novedad, un frescor como el alba. Una juventud, un ardor. Un impulso. Una ingenuidad. Un nacimiento que ya no podrá repetirse. El primer día es el más hermoso. El primer día es quizás el único hermoso. [...] En lo que empieza hay un origen, una raza que no vuelve. Una partida, una infancia que no se vuelve a encontrar, que no se recupera jamás» (Charles Péguy).*

Como nos recuerda Péguy, el momento inicial de una experiencia, cualquiera que esta sea, contiene una carga de sorpresa, de imponderabilidad, el secreto de algo que todavía no es, que lo convierte en un momento de especial intensidad y valor. Así es el momento en que comenzamos a hablar al público.

Por lo demás, «lo que bien comienza, bien acaba», dice un conocido refrán.

¿Cuál es la función del exordio en una conferencia? Mediante el exordio el orador debería conquistar la atención del público y transmitir una imagen de credibilidad y profesionalidad.

El exordio también tendría que presentar a los oyentes el tema que se tratará durante la conferencia y los objetivos del orador. El público espera saber qué escuchará.

Por último, el exordio debería determinar el tono de la intervención.

Comenzar con...

Son muy variados los modos en que puede comenzarse un discurso. Veámoslos.

... una pregunta

Directa o retórica, una pregunta formulada al inicio tiene una gran capacidad para implicar al público de manera decisiva.

La *pregunta directa* representa una modalidad de apertura muy fuerte y estimulante, porque invita de inmediato a los presentes a reflexionar sobre la cuestión que hemos planteado y a que den su opinión. La pregunta directa presupone que el conferenciante tenga clara en su mente cuál es la respuesta que desea obtener y se sienta capaz de utilizar y aplicar tranquilamente los diferentes elementos que podrían surgir del público.

En una intervención de carácter motivacional, donde la implicación del público puede resultar muy útil para alcanzar el objetivo, comenzar con una pregunta directa tiene la ventaja de crear de inmediato un elevado nivel de atención.

Para que el público comprenda que la invitación a intervenir es real, tras formular la pregunta el orador ha de realizar una pausa de silencio, disponiéndose a escuchar lo que tengan que decirle.

Por su parte, la *pregunta retórica* puede conferir al tema propuesto un acento dramático, conduciendo inmediatamente al público hacia el núcleo del problema. Frente a una cuestión formulada de este modo, los oyentes se ven inducidos a reflexionar, a interrogarse sobre el tema en cuestión.

Invitado a dar una conferencia sobre el euro, Lawrence Summers, secretario del Tesoro durante la presidencia de Clinton, comenzó así: «Tres preguntas se presentan al reflexionar sobre el EMU (European Monetary Unit): ¿cuáles serán sus efectos sobre la economía de Europa?, ¿qué implicaciones tendrá el euro en relación con el dólar? y ¿de qué manera el euro afectará al papel de Europa en el mundo y a sus relaciones con Estados Unidos?».

... una cita

Con frecuencia las citas son capaces de sintetizar en pocas palabras reflexiones muy profundas.
Y pueden pulsar las cuerdas de la emoción.
Supongamos que debemos dar una charla sobre el tema del cambio, del cambio inevitable.
«Y no seremos mañana ni aquello que fuimos ni aquello que somos», dice el poeta latino Ovidio para recordarnos la inevitabilidad del cambio. El cambio forma parte de la naturaleza misma de las cosas, de la naturaleza del hombre...

... una poesía

Comenzar con una poesía, que ofrece unos resultados muy similares a una cita, puede causar un fuerte impacto sobre el público. Es un modo de introducir una intervención rica en *pathos* y emoción.

Imaginemos un discurso contra la guerra y la devastación que provoca que comience con la conmovedora poesía *Hombre de mi tiempo*, de Salvatore Quasimodo.

> *Hombre de mi tiempo, eres aún aquel*
> *de la piedra y la honda. Estabas en la carlinga*
> *con las alas malignas, los cuadrantes de muerte*
> *—te vi— dentro del carro de fuego, en las horcas,*
> *en las ruedas de tortura. Te vi: eras tú,*
> *con la ciencia precisa dispuesta para el exterminio,*
> *sin amor, sin Cristo. Has matado de nuevo,*
> *como siempre, como tus padres mataron, como mataron*
> *los animales que te vieron por vez primera.*
> *Y huele esta sangre como la de aquel día*
> *en que el hermano dijo a otro hermano:*
> *«Vamos al campo». Y aquel eco frío, tenaz,*
> *llegó a ti, y llegó a tu jornada.*
> *Olvidad, oh hijos, las nubes de sangre*
> *que ascienden de la tierra, olvidad a los padres:*
> *sus tumbas se hunden en el cenizal,*
> *los pájaros negros, el viento, cubren sus corazones.*

... una historia

Una historia es un exordio perfecto. Sucesos periodísticos, eventos insólitos, narraciones dramáticas que puedan relacionarse con el tema del discurso son un buen medio para captar la atención del público.

... la creación de una imagen

Las imágenes suscitan emociones, despiertan los sentimientos. Mediante una imagen construida para nuestro público al comienzo del discurso podemos conferir de inmediato a la intervención el tono emotivo que consideremos más idóneo para el tema que debemos tratar.

... el humor

El humor tiene la gran virtud de actuar sobre el estado de ánimo del público, creando un clima relajado y agradable. Para que el humor tenga éxito y resulte eficaz, han de tenerse en cuenta algunos aspectos:

• El cuento, el hecho o la imagen humorística que se propongan deben corresponderse con el tema que se va a tratar. La broma gratuita podría parecer un mero artificio.

• La elección de la anécdota humorística debería inspirarse en los principios del buen gusto y la mesura; si fuese poco adecuada al público presente, podría tener un efecto contraproducente.

• Es desaconsejable la explicación de un chiste durante el exordio, pues, si por algún motivo no resultase divertido, se produciría un rápido enfriamiento de la atmósfera. Recuerdo haber asistido hace algunos años a un espectáculo de cabaret en el que, por más esfuerzos que hiciese, el cómico no lograba arrancar ni siquiera una risa al público: ¡la situación llegó a ser casi dramática!

• Es necesario asegurarse de que la narración pueda resultar, si no divertida, por lo menos agradable.

... una provocación

El gran líder negro abolicionista Frederick Douglas comenzó un discurso pronunciado en Ohio, el 4 de julio de 1852, con las siguientes palabras: «Disculpadme, ¿por qué me habéis invitado? Ni yo ni la gente que represento tenemos motivos para celebrar este día».

... una experiencia personal

El americano Dale Carnegie, gran experto en *public speaking*, subraya el poder que tiene el hecho de hacer partícipe al público de algo que nos afecta, que hemos experimentado personalmente. En general, todos queremos conocer cosas de las vidas ajenas.

Veamos cómo comenzó el discurso de Abe Rosenthal, una figura destacada del periodismo americano, durante una conferencia sobre la libertad de prensa pronunciada en 1981 en el Colby College de Waterville, en Maine:

«Dejen que les explique una breve historia verídica sobre un reportero que conocí. Cada día tenía que salir y hacer su trabajo lo mejor que sabía: hablaba con la gente de lo que le afectaba, del coste de la vida, de qué pensaba de su líder, de la política, de la vida. Cada noche el reportero regresaba a casa, escribía una historia y, entonces, con mucho cuidado, quemaba sus apuntes o los tiraba por el retrete. Era una lástima, porque actuando de este modo habría podido olvidar todo aquello que no había escrito en el artículo, pero también sabía que la policía tenía permiso para revisar en cualquier momento su archivo. Muchas personas no querían hablar con él, porque pensaban que podría revelar sus nombres a propósito o por un error de escritura. Eran personas indefensas y temerosas, y el reportero comprendía su miedo. Otros, en cambio, le hablaban precisamente porque se sentían impotentes y querían que alguien explicase la verdad que conocían. Creían en él cuando decía que prefería ir a la cárcel antes que revelar sus nombres. El gobierno comenzó a considerar a este reportero muy molesto. Lo interrogaron sobre sus fuentes, pero él naturalmente no respondió. Lo seguían y lo espiaban allí donde fuese, registraron su oficina y controlaron sus llamadas telefónicas, hasta que se enfadaron muchísimo y le dijeron: "No puedes escribir sobre nosotros, no puedes tener acceso a la información, márchate". Yo era aquel reportero, en la Polonia comunista» (F. Sallustio, Belle parole).

... un dato estadístico

Los números pueden conferir mucha autoridad. Tienen la fuerza comunicativa y la solvencia de la objetividad y del carácter científico.

Imaginemos que comenzamos con estas palabras un discurso sobre los perjuicios del tabaco: «La Organización Mundial de la Salud dice que cada año el tabaco mata en el mundo a casi cinco millones de personas: ¡560 personas cada hora!». Los fumadores que haya entre el público quizá no lo valoren, pero la fuerza de las cifras es indiscutible.

... una fecha

Como hizo, por ejemplo, el presidente Roosevelt en diciembre de 1941: «Ayer, 7 de diciembre de 1941, una fecha que pervivirá en la infamia, los Estados Unidos de América fueron sorpresiva y deliberadamente atacados por fuerzas navales y aéreas de Japón».

... un apoyo visual

Una imagen poderosa, proyectada sobre la pantalla, puede conducir directamente al núcleo del discurso.

> **SUGERENCIAS PARA UNA BUENA CONCLUSIÓN**
>
> - Evitar expresiones del tipo: *concluyendo, para concluir...*
> - Aplicar una buena dosis de energía durante el final para dejar una impresión duradera en el público.
> - Utilizar el poder comunicativo de la dicción para dar énfasis a la conclusión.

... **una petición de información**
Plantear preguntas a los presentes para recoger datos sirve tanto para implicar directamente al público desde el principio como para crear un vínculo entre el tema del discurso y las experiencias u opiniones de los presentes sobre el mismo.

CONCLUSIÓN

«Grande es el arte de comenzar, pero más grande aún es el arte de finalizar» (H. W. Longfellow).

Al comenzar una intervención, encontramos al público allí donde está, pero al final tenemos la oportunidad de llevarlo hacia donde queremos que llegue. La conclusión de una intervención debería permitirnos, a nosotros y a la audiencia, alcanzar el objetivo específico de nuestro discurso. Apertura y clausura vendrían a cerrar de este modo el círculo de la conferencia: en el exordio expresamos la finalidad de nuestra intervención y en la conclusión regresamos a ella para reforzarla y confirmarla.

Según Churchill, para causar una fuerte impresión en el público es necesario que en el final se susciten las siguientes emociones: orgullo, esperanza, amor y, a veces, miedo.

Orgullo: por la propia empresa, por la comunidad, por la profesión u ocupación.

Esperanza: en el mañana, en nuevas oportunidades, en nuevos horizontes.

Amor: por la familia, por el país, por Dios.

Miedo: al desastre que podría ocurrir si no se tomasen inmediatamente las medidas necesarias.

Concluir con...
He aquí algunos ejemplos de final.

... un resumen de las ideas principales
Recuperar y resumir las ideas principales del discurso puede ser muy útil para fijarlas en la memoria del público.

Una vieja regla del *public speaking* dice: «Di aquello que dirás, dilo, di aquello que has dicho».

Sobre todo en las intervenciones de carácter informativo, la síntesis final puede servir al público para poner en orden, y consolidar posteriormente, las informaciones recibidas. En intervenciones persuasivas, en cambio, el resumen ofrece la oportunidad de exponer los puntos sobresalientes de la argumentación.

... una cita
Durante la conclusión, muchos conferenciantes introducen a menudo citas capaces de evocar el núcleo de la intervención. Efectivamente, el recurso a las palabras de un personaje autorizado puede enfatizar y reforzar la idea principal expresada durante el discurso.

... una pregunta retórica
Concluir con una pregunta retórica obliga al público a meditar al final de la intervención, a buscar una respuesta por sí mismo. De este modo se invita a los presentes a una participación mental activa.

Veamos cómo finaliza el discurso pronunciado por Marco Porcio Catón en el Senado, en el año 62 a. de C, cuyo objetivo es conseguir la aplicación de una pena ejemplar a los conjurados, seguidores de Catilina, que habían organizado un plan para matar a Cicerón:

> «*En tiempo de nuestros mayores, Aulo Manlio Torcuato, durante la guerra con los galos, mandó matar a un hijo suyo por haber combatido contra su enemigo transgrediendo la orden que se le había dado; y así aquel mancebo ilustre pagó con su cabeza la pena de su valor mal contenido: ¿y vosotros dudáis sobre qué pena debemos infligir sobre estos parricidas tan crueles?*».

... una llamada a la acción
Si, durante la intervención, se ha ofrecido al público indicaciones sobre aquello que se espera que haga, el momento final puede representar la ocasión para realizar una llamada directa a la acción, o para ofrecer un nuevo motivo que anime a pasar a la acción.

Así finalizó el papa Pablo VI el llamamiento a los «hombres de las Brigadas Rojas» el 21 de abril de 1978 para que liberasen a Aldo Moro:

«Hombres de las Brigadas Rojas, permitid que yo, como intérprete de tantos conciudadanos vuestros, conserve la esperanza de que vuestro ánimo albergue todavía un victorioso sentimiento de humanidad. Espero rezando, y amándoos a pesar de todo, la prueba de ello».

... la asunción de una obligación

Comunicar a los participantes la intención de ser el primero en actuar en la dirección que se les ha sugerido puede resultar muy convincente. De este modo conferimos peso y credibilidad a nuestras propias palabras.

PÁGINA DE APUNTES

🔖 Una correcta preparación del discurso consigue que este sea más fluido y claro.

🔖 A partir del objetivo comunicativo que hemos establecido y del tema que pretendemos tratar, seleccionaremos el tipo de material más adecuado: ejemplos, historias, citas, metáforas...

🔖 Si se estructura de manera orgánica, el discurso resulta más comprensible para el público.

🔖 La argumentación prevé que las tesis expuestas se apoyen en argumentos organizados de manera lógica.

🔖 Las figuras retóricas tienen una función doble: ornamental y persuasiva.

🔖 Un exordio impactante permite captar de inmediato la atención del público.

🔖 La conclusión, al igual que el exordio, debe ser digna de recuerdo.

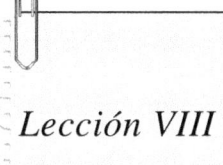

Lección VIII

GANARSE LA ATENCIÓN DEL PÚBLICO

La atención del público no debe darse por descontada. Tiene que conquistarse. Son muchos los motivos que pueden reducir el nivel de atención o la disponibilidad del público a escuchar. En primer lugar, el constante bombardeo de informaciones y mensajes a que diariamente estamos expuestos. Continuamente reclaman nuestra atención para escuchar algo o a alguien. Y pasamos la mayor parte del tiempo escuchando, escuchando, escuchando... A veces existen razones subjetivas para la distracción: preocupaciones de tipo personal o problemas laborales que ocupan nuestra mente. Pero también puede haber elementos de distracción en el entorno mismo. Recuerdo un aula con una espléndida cristalera a mis espaldas. De vez en cuando, de improviso, las miradas de los participantes se apartaban de mí y se dirigían hacia algo que sucedía a mis espaldas y que yo ignoraba. Con pesar, tuve que privarles de la vista del mundo exterior corriendo las cortinas.

TRUCOS QUE IMPULSAN A ESCUCHAR

Escuchar es, de hecho, una tarea ardua; no hay que olvidar que la capacidad para escuchar de manera continua es de 20 a 40 minutos como máximo, y que, superado este tiempo, es inevitable hacer una pausa. Además, la utilidad de los temas tratados puede no haber sido captada claramente por los presentes. ¿Qué podemos hacer entonces para ganarnos la atención del público?

ENTREGARSE POR COMPLETO

En primer lugar, hay que entregarse completamente al público, es decir, demostrar entusiasmo y seducir.

Al orador se le pide energía, palabra que etimológicamente significa «estar trabajando». Se le pide compromiso, concentración y una presencia superior a la normal. En Japón, para recompensar a los actores al final del espectáculo, se utiliza la siguiente palabra: *otsukarasama*, que significa «te has cansado mucho por mí» (E. Barba). También del orador debería poder decirse que se ha cansado mucho por el público.

Tan solo con este tipo de presencia y atención por el público y por lo que sucede puede, en el plano comunicativo, producirse un «circuito de intensidad única» que cohesione a los asistentes.

«El público es siempre "el otro"; imprescindible como "el otro" en un diálogo o en el amor», escribe Peter Brook.

Y esto, añadimos nosotros, comporta la pasión y la generosidad en la entrega que cada gran encuentro requiere. De este modo, lo que damos se nos devolverá amplificado y renovado, porque, como dice Alschitz:

«La energía sigue esta ley: cuanta más uses, más tendrás. Cuando el agua se va, su lugar lo ocupa la que llega».

Conocimiento del ser humano

Otro método para captar la atención del público consiste en intentar comprender en alguna medida el funcionamiento del espíritu humano, del universo de las pasiones y emociones que gobiernan al hombre. Un buen comunicador no puede evitar querer comprender cada vez mejor a quien tiene delante: el hombre.

«Aquel que sabe qué es la ira puede fácilmente provocar o calmar a un juez irritado, aquel que, en cambio, sabe qué es la clemencia puede fácilmente inducirlo a la compasión. He aquí qué debe saber y cómo debe actuar el orador, y si ha de presentarse frente a jueces mal dispuestos, parciales, envidiosos, huraños o soberbios, debe sentir lo que ellos tienen en lo más hondo de su corazón y, tomando las riendas de la situación, ha de adecuar el ímpetu de su discurso a su naturaleza, manteniendo en la reserva cualquier otro medio, para utilizarlo cuando sea necesario».

«Aquel que sabe qué es la ira [...], aquel que sabe qué es la clemencia [...]», dice Tácito, sabrá «provocar», «calmar», «inducirlo a la

compasión». No hay escapatoria: si el orador quiere alcanzar su objetivo, debe conocer los mecanismos generales de funcionamiento de la psique humana, ha de esforzarse en comprender algo la mente y el corazón de esa misteriosa realidad que es el ser humano.

La elocuencia, según Pascal, consiste «en la correspondencia que se intenta establecer en la mente y en el corazón de aquellos a quienes se habla, por una parte, y, por otra, en los pensamientos y las expresiones de quien las utiliza, lo que supone que se haya estudiado bien el corazón del hombre para conocer todos los recursos y encontrar así las proporciones adecuadas del discurso que se desea componer. Tenemos que colocarnos en el lugar de aquellos que deben comprendernos y probar en nuestro propio corazón el desarrollo que se da al discurso, para ver si uno está hecho para el otro, y si podremos estar seguros de que el oyente se verá obligado a darse por vencido. Es necesario limitarse tanto como sea posible a la sencillez natural, no aumentar lo que es pequeño, ni reducir lo que es grande. No basta con que algo sea bello, es necesario que se adapte al sujeto, que no tiene ni más ni menos que aquello que necesita» (Pascal, *Pensamientos*).

«LECTURA» DEL PÚBLICO

Finalmente, para captar la atención de los presentes, es necesario utilizar un lenguaje adecuado al público real, al que tenemos enfrente.

«No existe un solo género de oratoria que se adapte a todas las causas, a todos los oyentes, a todas las personas o a todas las circunstancias», nos recuerda Cicerón al respecto.

Los resultados de las investigaciones sobre la función del *marketing* de los últimos años nos ofrecen un valioso instrumento de lectura del público y de conquista de su interés. La competencia feroz sustentada únicamente en el producto no basta, nos dice el *marketing*. En nuestra época hay un exceso de producto. La auténtica y única conquista posible y necesaria es la del cliente.

LA CONTRIBUCIÓN DEL *MARKETING*

Conquistar al cliente obliga a situar en el centro de nuestras acciones y pensamientos sus necesidades, tanto las que conocemos como las que permanecen ocultas.

El *marketing* parte del hoy, pero trabaja para el mañana, anticipando, intentando imaginar en qué dirección se desarrollarán las exigencias de los clientes en un mundo que cambia de manera constante y vertiginosa.

De hecho, el ciclo de vida de una empresa está condicionado por el de sus clientes. Por este motivo, la primera y necesaria obligación de una empresa debería consistir en la incansable comprobación de las necesidades del cliente, para poder ofrecerle las respuestas que le satisfagan.

Del mismo modo, podemos afirmar que el ciclo de vida de una intervención viene determinado por el grado de atención del público, pues este es el «cliente» del orador y, cuando la atención disminuye, también la intervención decae. Por tanto, los dos puntos fundamentales a los que ha de prestarse atención son la comprobación permanente del grado de escucha e interés por parte de la audiencia y el incansable intento de satisfacer sus necesidades.

LA *ACTIO*, ES DECIR, LA DECLAMACIÓN

> *«Demóstenes, al preguntársele qué era lo más importante en la elocuencia, dijo que el primer lugar lo ocupaba la declamación, y que también a la declamación correspondía el segundo y el tercero» (Quintiliano).*

La *actio* constituye la cuarta fase de la génesis del discurso. Es aquella en la que el discurso es expuesto. En este punto, todo cuanto se ha dicho sobre el uso de la voz y del cuerpo asume un papel relevante.

Como escribe Quintiliano:

> *«La declamación se divide en dos partes, la voz y el gesto; la voz actúa sobre el oído, mientras que el gesto lo hace sobre la vista. Oído y vista son los dos sentidos a través de los cuales los sentimientos llegan al alma».*

Si no se transmite de la manera en que un actor recita un texto teatral, incluso el mejor discurso corre el riesgo de no tener éxito. Si no vive en la sangre y en la carne del orador, el discurso no tiene vida.

Continúa Quintiliano:

> *«[...] es inevitable que la moción de los afectos languidezca si no es inflamada por la voz, por el rostro, por la actitud del cuerpo en su totalidad».*

Aprender de memoria...

A decir verdad, los últimos maestros latinos de retórica habían incluido, entre la tercera fase de la creación del discurso (la elección del estilo) y la cuarta (la exposición), la memoria. Se sugería al orador aprender de memoria su discurso y se ofrecían indicaciones precisas sobre el uso de la memoria. Veamos qué decía Quintiliano al respecto:

«El orador que da la impresión de ser una persona que ha aprendido de memoria su discurso arruina el valor de los pasajes que ha escrito de manera eficaz, precisamente porque deja entrever que los ha escrito. [...] los párrafos que hemos construido y estructurado de manera perfecta debemos pronunciarlos de manera espontánea, como si fueran fragmentos sueltos, y hemos de dar la impresión de que estamos buscando las expresiones que en realidad hemos preparado, actuando de manera que los demás piensen que de vez en cuando nos detenemos a reflexionar y dudamos sobre lo que debemos decir».

Al hablar de este modo, Quintiliano parece un director dando indicaciones sobre la interpretación a los actores. Dice, en resumen, que el buen orador debería proceder de manera que el público no perciba que ha aprendido de memoria el discurso. Este, de hecho, tendría que resultar tan fluido que diese la impresión de que se está creando en ese momento, y, con el objetivo de incrementar la sensación de naturalidad y espontaneidad, sugiere efectuar pausas de duda que den a los presentes la sensación de que el orador busca las palabras que mejor expresen sus ideas y reflexiones.

Pero no se detiene aquí y añade:

«Pero si la memoria no es suficientemente ágil o el tiempo no nos ayuda, será igualmente inútil aprender de memoria todas las palabras si el olvido de cualquiera de ellas tiene como consecuencia una desagradable duda o, incluso, el silencio. Resulta mucho más sólido aprender sólo las líneas argumentales y darse libertad para hablar».

Quintiliano, en suma, nos ofrece una alternativa: si no poseemos una sólida memoria o si el tiempo de que disponemos es escaso, conviene que tengamos clara la estructura del discurso y hablemos libremente. Es una sugerencia que sigue siendo válida en la actualidad.

Si hablar en público ocupa un lugar fundamental en el ejercicio de nuestra profesión, difícilmente podremos disponer del tiempo necesario para aprender un texto de memoria y trabajarlo posteriormente para que adquiera fluidez y desenvoltura. De hecho, al pronunciar un discurso de memoria fácilmente se corre el riesgo de privarlo de la espontaneidad del lenguaje oral. Sólo un profundo trabajo sobre las formas expresivas y la interpretación puede dar naturalidad al discurso. Por este motivo, es preferible practicar repitiéndolo en voz alta, tras haberlo estructurado bien, sin llegar a aprenderlo de memoria. De este modo tendremos la fluidez del discurso ensayado sin la rigidez de un discurso minuciosamente prefijado.

... O LEER

La modalidad que acabamos de comentar es preferible también a la lectura del discurso, pues leyendo, al igual que ocurre con la intervención aprendida de memoria, corremos el riesgo de reducir la expresividad y el vigor de nuestras palabras, con el inconveniente añadido de que perdemos el contacto visual con el público, y la fuerza comunicativa que se deriva.

«*Sólo una vez he realizado un discurso utilizando un texto mecanografiado previamente. Fue un auténtico desastre. No había ningún error en el contenido del texto, se trataba de un mensaje bien concebido y formulado. Pero yo no soy bueno leyendo discursos.*
»*Sin embargo, he dado centenares de discursos y conferencias sin seguir textos escritos. Hablando de mis convicciones. Esto me permite moverme libremente, tratar de algo que acaba de suceder y de adaptar las palabras a la situación del momento*» (J. Carlzon, La pirámide rovesciata).

CONTROL DE LA EXPRESIÓN

Pasando al *actio* propiamente, podemos decir que un buen orador, al igual que un buen actor, deberá no sólo variar el estilo expositivo, sino sobre todo utilizar un registro expresivo coherente con el carácter y la finalidad del discurso.

Si un buen actor es aquel que sabe controlar su expresión, adoptando la más adecuada a la vida íntima del personaje que representa, del mismo modo el orador debería conformar una expresión propia acorde con los contenidos del discurso. Y así como en el teatro existen papeles trágicos, o claramente brillantes, o de interior burgués, con rasgos representativos muy diferentes, también desde el punto de vista expresivo del orador existen diversos registros.

Por ejemplo, cuando el contenido es de por sí potente, no queda más que decir, simplemente, aquello que pretendemos decir. En este caso, conviene adoptar un estilo recitativo mesurado, contenido, carente de énfasis, sencillo, íntimo. Cuando las palabras hablan por sí mismas, no es necesario añadir nada más.

Por otra parte, hay momentos, pasajes de un discurso que, para alcanzar al público de manera más eficaz e incisiva, requieren ser enfatizados mediante largas pausas o alzando el volumen, casi gritando, y con ayuda de una gestualidad vigorosa, amplia...

> *«[...] el contenido mismo de nuestro discurso tal como lo hemos compuesto en nuestro interior no es tan importante como el modo en que lo reproducimos: las emociones experimentadas por los oyentes dependen en realidad de lo que escuchan» (Quintiliano).*

CÓMO CONQUISTAR LA CONFIANZA DEL PÚBLICO

En caso de que exista ya una relación de confianza con el público, el objetivo del orador consistirá simplemente en confirmar e incrementar el grado de aceptación. En los demás casos, en cambio, es necesario «ganarse» dicha confianza, de forma similar a como se capta la atención de la audiencia.

Competencia, coherencia, equilibrio, implicación, empatía, entusiasmo: son sólo algunos de los términos que describen el comportamiento que hay que adoptar para conseguir el favor del público.

Para valorar si lo está logrando, es necesario que el orador se preocupe de interpretar los mensajes corporales —el *feedback* no verbal— enviados por los presentes en la sala.

INTERPRETACIÓN DE LOS MENSAJES NO VERBALES

Incluso sin hablar, el público explica gran parte de lo que le sucede, a través del lenguaje corporal.

Para conocer algo más de lo que captamos de manera instintiva, analizaremos conjuntamente algunos signos no verbales, con el objetivo de ofrecer una posible lectura.

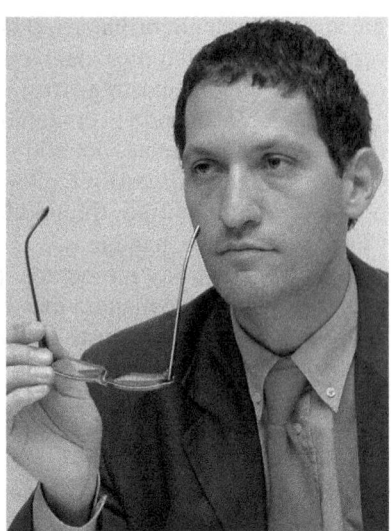

Signos de agrado, apertura, interés

Humedecerse los labios con la lengua, mordisqueárselos, llevarlos hacia dentro, estirarlos, apoyar el dedo índice en el labio: todos estos signos indican que los oyentes están valorando positivamente nuestras palabras. En todos los casos descritos, se trata de gestos adaptativos, es decir, gestos que nacen con la función de satisfacer una necesidad primaria y han sufrido, con el tiempo, un proceso de estilización que permite aplicarlos en otros contextos.

Por ejemplo, extender el labio o apoyar el índice *(véase la imagen superior a la izquierda de la página siguiente)* son gestos vinculados con la acción de succionar, mientras que pasarse la lengua por los labios y llevarlos hacia el interior se relaciona con la acción de limpiarse los labios de restos de comida e introducirlos en la boca.

Quitarse las gafas *(véase la imagen superior derecha de la página anterior)* o pasarse una mano por el cabello tienen que ver con el deseo inconsciente de hacerse más atractivo a ojos del interlocutor, como invitación a seguir hablando del mismo tema.

La boca abierta da idea de que pueden salir y entrar informaciones; por este motivo puede considerarse un signo de apertura. Se observa en personas que escuchan con interés *(véase la imagen inferior de la página anterior)*.

Otro signo de apertura consiste en separar los brazos o las piernas que se tenían cruzados; indica, en especial, que se ha producido un cambio frente a nosotros o nuestras palabras.

Desplazar el torso hacia delante indica que el interlocutor se siente atraído por lo que oye y quiere «escuchar» mejor. Si observamos que alguien del público adopta esta postura, podemos pensar razonablemente que el tema que estamos tratando suscita notable interés *(véase imagen superior izquierda)*.

También una acción interrumpida —una persona del público que, mientras está tomando apuntes, permanece con la mano y el brazo en suspensión durante algunos segundos— puede revelar un incremento del interés. Hemos dicho algo que de repente ha captado su atención *(véase imagen superior derecha de la página anterior)*.

Signos de rechazo

Desplazar el torso hacia atrás expresa rechazo ante una afirmación, un punto de vista...; quien adopta esta postura quiere distanciarse de lo que ha oído *(véase imagen inferior izquierda)*.

La acción de apartar la mirada del orador podría significar que se disiente de lo dicho.

Frotarse la nariz, pasarse un dedo por debajo y cogerla con los dedos son gestos que expresan molestia por lo que se ha visto u oído. Posiblemente, dichas acciones tengan su origen en el acto instintivo de taparse la nariz cuando se perciben olores desagradables *(véase imagen inferior derecha)*.

Cruzar los brazos suele interpretarse comúnmente como un signo de cierre. Dicho gesto podría leerse como una manera de poner una barrera imaginaria entre quien cruza los brazos y las palabras del orador

(véase imagen superior). Recuerdo una ocasión en la que durante un curso un compañero dio una interpretación subjetiva, y seguramente impopular, de un acontecimiento deportivo; tras su afirmación el público masculino presente adoptó en masa esta postura.

Apartarse, no necesariamente de un modo brusco, de un objeto y quitarse pelusas de la ropa expresan voluntad de alejar algo desagradable *(véase imagen inferior)*.

ICE BREAKING

El *ice breaking* («romper el hielo») es una modalidad de apertura del discurso que han sugerido algunos expertos norteamericanos en *public speaking*. Consiste en comenzar la intervención explicando algo que afecta al orador, que consigue involucrar al público y que tiene como finalidad principal reducir la tensión, predisponiendo al auditorio a establecer una relación relajada con el conferenciante. Naturalmente, también nos ayuda a gestionar la fase delicada y, como ya hemos comentado a propósito del estrés en el capítulo 5, a menudo ansiógena del inicio.

Veamos un ejemplo. Cuando comencé a ejercer mi profesión como formadora, tuve que reunirme con un grupo de vendedores de mediana edad y notable experiencia. No he ejercido nunca el oficio de vendedora, y consciente de ello, como se trataba de un curso de comunicación (por tanto, de mi ámbito de competencia), me sentía preocupada. Organicé el inicio. Después de saludar y presentarme, dije: «Imagino que se estarán preguntando qué hace una ex actriz frente a ustedes, pero les diré algo que me comentó un compañero hace tiempo: en el fondo, un actor no hace más que venderse a sí mismo». Y añadí: «Ya sé que dicho por una señora no queda muy bien...». Esta afirmación provocó en todos una sonrisa y consiguió crear un ambiente relajado y armónico.

Entre las múltiples modalidades de apertura posibles, esta, más que otras, puede captar de inmediato la atención del público, predisponiéndolo a una acogida atenta y participativa.

HUMOR

«Tres son las cosas auténticas: Dios, la locura humana y la risa. Las dos primeras están más allá de nuestra comprensión, así que debemos hacer lo que podamos con la tercera» (John Fitzgerald Kennedy).

A menos que el discurso tenga como fin el entretenimiento, el humor no puede ser considerado un objetivo, pero puede ser una buena estrategia para lograr implicar al público.

Las personas están acostumbradas a escuchar discursos aburridos, por lo que, en general, aprecian que se recurra al humor para transmitir contenidos.

El humor mantiene la atención del público, aclara algunos puntos de la intervención, da una imagen agradable del orador y crea buen *feeling*.

Naturalmente, debe ser apropiado al contenido del discurso y a la situación. Una frase humorística que acabe en sí misma puede no ser convenientemente apreciada, mientras que sí lo será si es coherente con lo que se dice.

SINTONIZAR CON LOS INTERLOCUTORES

Cuando estamos en sintonía con una persona, de manera inconsciente, tendemos a sincronizarnos con él, en lo que Desmond Morris define como «eco postural». En resumen, cuando estamos de acuerdo con alguien, se establece una especie de relación dinámica, en la que el oyente se mueve al ritmo de quien habla.

«A menudo se produce, en la relación intersubjetiva, una comprensión inmediata, casi intuitiva, que se basa en indicios invisibles a la conciencia; se constata en la simpatía una especie de resonancia psíquica. Sabemos que, cuando se establece una relación intersubjetiva profunda, se producen mimetismos inconscientes: imitación de la risa, de determinadas expresiones del rostro, de acentuaciones tonales y de determinados modos de comportamiento» (E. Morin).

Por tanto, podemos llegar a la conclusión de que la sintonía también se refleja en el exterior.

CÓMO CONSEGUIR MATERIAL PARA ELABORAR HISTORIAS ENTRETENIDAS

En primer lugar, evocando la propia experiencia. Todos hemos vivido en un momento u otro situaciones divertidas. Exponiéndolas, no sólo ofrecemos ejemplos que apoyan lo que decimos, sino que también se nos valora por nuestra capacidad de reírnos de nosotros mismos.
   Otro recurso son las anécdotas divertidas que encontramos en periódicos, revistas, televisión... o las historias que otros nos han contado.
   Y no olvidemos que existen recopilaciones de historias humorísticas que pueden adaptarse tanto a la audiencia como a nuestro discurso.
   Para que la anécdota funcione es necesario que también se divierta quien la cuenta. Por tanto, nos implicaremos en la narración, pero evitaremos reír mientras la explicamos, como a menudo les sucede a quienes no son cómicos profesionales.

A partir de esta constatación, la programación neurolingüística (PNL), modelo de comunicación que surgió a finales de la década de 1970 en Estados Unidos, propone una técnica de comportamiento, útil para crear sintonía con el interlocutor, que recibe el nombre de *seguimiento y guía*.

SEGUIMIENTO

El concepto de *seguimiento* comporta devolver al interlocutor —en nuestro caso, el público— algunos aspectos de su comunicación con el fin de crear sintonía, de producir la sensación de compartir un mismo punto de vista y «sentimiento».

Como afirma Lankton, realizar el seguimiento «significa entrar en relación con el cliente basándose en su modelo del mundo y establecer con él afinidades tanto de forma consciente como, aún más importante, de manera inconsciente».

Existen diferentes modalidades de seguimiento relativas a los distintos aspectos de la comunicación. Veámoslas con detalle.

Seguimiento formal

Denominado también *seguimiento en espejo*, o *mirroring*, consiste en devolver al interlocutor algunos aspectos de su comunicación no verbal (posturas, ritmo gestual...). Se trata de un instrumento utilizado desde tiempo inmemorial en las escuelas de teatro, porque facilita la penetración en el mundo del otro.

Seguimiento paraverbal

Consiste en la adopción de un ritmo, de un volumen, de una velocidad del habla y de unas pausas similares a los del interlocutor.

Seguimiento cultural

> *«No debe utilizarse el mismo tono con una persona culta que con un soldado o un campesino; a veces el tono del discurso debe bajarse y simplificarse» (Quintiliano).*

El seguimiento cultural consiste en utilizar un registro cultural que sea un reflejo del que usa el interlocutor. Se trata de emplear un lenguaje especializado cuando el público está compuesto por expertos en el sector del que nos ocupamos y adoptar un lenguaje que no dé nada por sabido si los presentes no tienen conocimientos suficientes sobre la materia propuesta.

Recuerdo la objeción de un comercial que se ocupaba de productos informáticos cuando expuse la necesidad del seguimiento cultural: «Considero que utilizar determinada terminología puede demostrar profesionalidad y competencia». Respondí que el primer objetivo de un comunicador, y, por tanto, de un vendedor, es hacerse comprender. Podía utilizar un determinado lenguaje, si lo consideraba necesario, pero le sugerí que lo sustituyese en el momento de pasar a los detalles para resultar más comprensible.

«Yo no soy orador, como Bruto, soy como todos me conocéis, un hombre *sencillo y rudo* que amo a mi amigo» *(W. Shakespeare,* Julio César, *monólogo de Marco Antonio).*

En este caso, Marco Antonio-Shakespeare recurre, además, al recurso del anacoluto para dar al pueblo romano la sensación de ser uno de ellos.

Seguimiento verbal

Consiste en utilizar determinadas expresiones o términos que son propios del interlocutor y a los que este concede cierto valor. Se trata del seguimiento de las *hot words* («palabras clave»).

Todo grupo, toda empresa posee un lenguaje propio, así como una mitología. Adoptar dicha jerga comporta la aceptación inmediata por parte del grupo.

En su libro *La leadership situazionale,* Blanchard explica que se dio cuenta de un aspecto que caracteriza el mundo empresarial a partir de la colaboración con grupos de mujeres feministas: las personas a menudo dan más peso a las palabras que al comportamiento. Cuando, con la intención de ofrecerles su experiencia para colaborar en la organización, se dirigían al grupo de mujeres ejecutivos que no hablaban la «lengua» del colectivo, que no adoptaban su jerga, se observaba un cierre por parte de los miembros feministas más activos. Sin embargo, cuando otras personas, que en realidad querían impedir el acceso de las mujeres a las zonas jerárquicas más altas, utilizaban la jerga «correcta», la acogida y la valoración ofrecida por ellas eran positivas. Lo mismo sucedía con otros grupos que luchaban por el reconocimiento de sus derechos (estudiantes, negros...).

Así pues, el lenguaje —incluso cuando es engañoso— a menudo «vence» al comportamiento.

Seguimiento emotivo

Es decir, el seguimiento del estado emocional del interlocutor. Se trata de un seguimiento que supone atención, comprensión, compromiso con el otro, y que es especialmente eficaz porque crea empatía (*enpatior*, «siento dentro»). Es un seguimiento antiguo e instintivo, el mismo que utiliza el niño en relación con su figura de referencia. Y se fundamenta en el lenguaje no verbal, primer depositario del mundo emocional. Por este motivo, la postura que adoptan nuestro cuerpo o nuestras manos, o nuestra mirada serán el mejor indicador del establecimiento de la relación emotiva.

Guía

Se denomina *guía* a la acción de conducir, «guiar» al interlocutor en una dirección diferente a la que seguía. Llevarlo hacia nuestro objetivo comunicativo. El proceso de guía se vincula necesariamente al de seguimiento. Si el orador desciende al terreno del público, se establecerá sintonía entre él y los participantes, y las opiniones que exprese en el discurso serán acogidas de manera más abierta y favorable.

«VENDER» EFICAZMENTE NUESTRAS IDEAS

«Vender» parece un término que no tiene nada que ver con hablar en público, o por lo menos que sólo es apropiado utilizar en caso de que nuestro discurso tenga la finalidad de proponer un producto o un servicio. De hecho, cada vez que proponemos una posible interpretación de la realidad, un punto de vista o una argumentación, estamos vendiendo algo: nuestras ideas.

Pues bien, si en el ámbito de la venta existen estrategias de comportamiento que hacen más eficaz la comunicación, aumentando las posibilidades de conseguir ventas, también en el campo de la «venta de ideas» existen estrategias para hacerlas más convincentes a ojos del público.

El murciélago y las comadrejas

«*Un murciélago caído en tierra fue capturado por una comadreja y, mientras esperaba a ser devorado, comenzó a rogar por su vida.*

Si bien la comadreja le respondió que no podía contentarlo, porque era por naturaleza enemiga de todos los pájaros, el murciélago le hizo ver que él no era un pájaro, sino un ratón, y de este modo pudo escapar. Más tarde cayó de nuevo y, capturado por otra comadreja, le suplicó que no lo devorase. Cuando la comadreja le dijo que odiaba a muerte a todos los ratones, le aseguró que no era un ratón, sino un murciélago, y fue liberado de nuevo. Y así sucedió que, por haber cambiado de nombre, se salvó las dos veces.

»La fábula demuestra que tampoco nosotros debemos mantener siempre el mismo comportamiento, recordando que aquellos que se adaptan a las circunstancias a menudo escapan de los peligros» (Esopo, 251).

Como nos enseña Esopo con esta fábula, no existe «la» estrategia comunicativa perfecta, sino tantas estrategias como públicos que, a lo largo de nuestra carrera como conferenciantes, encontremos.

Será un excelente orador aquel que consiga identificar el mejor modo de exponer su propia visión de las cosas dependiendo de las personas a las que deba hablar. Destacará, en especial, quien sepa utilizar los argumentos más convincentes para la audiencia.

ACTUAR SOBRE LA MOTIVACIÓN

Actuar sobre la motivación significa ofrecer al público razones, que se fundamentan en los auténticos intereses que lo animan, para dar crédito a nuestras palabras.

LA ROSA DE LAS NECESIDADES

*«El hombre está lleno de necesidades; y no ama más que a aquellos que pueden satisfacerlas todas» (*Pascal, Pensamientos*).*

Una anécdota. El administrador delegado de Black & Decker reúne a un grupo de colaboradores y, cuando todos están presentes, comienza su intervención con la proyección de una diapositiva en la que está escrito: «Aquí no se venden taladros». Los asistentes quedan pasmados, pero, antes de que puedan preguntar, aparece otra diapositiva con el siguiente texto: «Se venden agujeros». Es decir, ¡se vende la satisfacción de una necesidad, no un producto!

El análisis de la pirámide de necesidades del psicólogo estadounidense Abraham H. Maslow puede ser útil para plantear algunas reflexiones sobre las necesidades del público que una intervención eficaz debe tener en cuenta.

En primer lugar, podemos afirmar, con Blanchard, que en la base del comportamiento humano se encuentran los motivos o, dicho de otro modo, las necesidades.

«Los motivos son el "por qué" del comportamiento, estimulan y mantienen la actividad, y determinan la dirección general del proceder del individuo. Básicamente, los motivos, o necesidades, son los principales impulsores de la acción» (Blanchard).

La pirámide de Maslow

Según Maslow, en el momento que se satisface, una necesidad deja de representar una motivación para el comportamiento. Y entran en juego otras necesidades, que coexistían con ella y que, con la satisfacción de la anterior, tienden a adquirir predominio.

Maslow plantea como hipótesis la existencia de una jerarquía de necesidades humanas. Al inicio de la jerarquía, es decir, en la base de la pirámide, se sitúan las necesidades fundamentales para la supervivencia del hombre, las *necesidades fisiológicas*: hambre, sed, sueño y sexo.

En el momento en que dichas necesidades se satisfacen, entran en juego las *necesidades de seguridad*: protección ante los peligros, las amenazas, la apropiación del territorio.

Por una parte, pues, tenemos la necesidad de garantizar la supervivencia y, por tanto, la satisfacción de las necesidades fundamentales también en el futuro; por otra, la necesidad de eliminar los temores producidos por los peligros de orden físico.

Satisfechas las necesidades fisiológicas y las de seguridad, en la escala jerárquica aparecen las *necesidades de pertenencia*: sociabilidad, afecto, amistad, aceptación, amor, grupo social. Como sugiere el poeta inglés J. Donne, «ningún hombre es una isla en sí mismo; todos formamos parte de un continente». Somos animales sociales y por ello sentimos la necesidad de formar parte del grupo.

Formar parte de un grupo abre la puerta a otro nivel en la definición de necesidades, de la exigencia de pertenencia a la de ser valorados, estimados. Aquí se sitúan precisamente las *necesidades de reconocimiento*, tanto por parte de los demás (estatus, valoración, fama, gloria, reputación, etc.), como por parte de uno mismo (confianza en uno mismo, independencia, realización).

Una vez satisfechas las necesidades de reconocimiento, comienzan a imponerse las *necesidades de autorrealización* de las propias capacidades, desarrollo continuo de uno mismo. «Un hombre debe ser aquello que puede ser», escribe Maslow. Por tanto, la autorrealización es «la necesidad humana de expresar el propio potencial» (Blanchard).

Los dos tipos de necesidades situados en la cumbre de la pirámide me traen a la mente una poesía que adoraba en mi adolescencia. De los varios muertos que explican su vida en la colina a orillas del río en la *Antología de Spoon River* recuerdo a Serepta Mason.

My life's blossom might have bloomed on all sides
Save for a bitter wind which stunted my petals
On the side of me which you in the village could see.
From the dust I lift a voice of protest:
My flowering side you never saw!
Ye living ones, ye are fools indeed
Who do not know the ways of the wind
And the unseen forces
That govern the processes of life.

La flor de mi vida pudo haber florecido en cualquiera de los lados, pero un viento amargo impidió que crecieran mis pétalos
en el lado que vosotros en el pueblo podías ver.
Desde el polvo levanto una voz de protesta:
¡nunca visteis mi lado en flor!
Vosotros que vivís, sois necios en verdad
y no conocéis los caminos del viento
y las invisibles fuerzas
que gobiernan la vida.

Edgar Lee Masters, el autor, parece sugerir que el reconocimiento y la autorrealización nacen de la posibilidad de llegar a florecer, de mostrar a uno mismo y al mundo su «lado en flor».

Este modelo no debe considerarse estático; la jerarquía puede modificarse. ¡Cuántas veces la defensa de un ideal o una autorrealización han hecho olvidar la satisfacción de las necesidades fundamentales!

Blanchard evidencia cómo, en nuestra sociedad, la mayoría de las personas se encuentran en parte satisfechas y en parte insatisfechas en todos los niveles de la pirámide.

Apelar a las necesidades del público

Regresando al tema que nos interesa —cómo aprovechar, durante nuestra intervención frente al público, el componente motivacional vinculado a la apelación a una o más necesidades—, veamos cómo se interpreta la jerarquía de necesidades de Maslow en esta clave.

Comenzaremos diciendo que el análisis del grupo, y, por tanto, de sus necesidades, realizado con anterioridad nos permite orientar nuestra conferencia en la dirección de las necesidades específicas del público. En este caso no será necesario actuar sobre todas las necesidades de la jerarquía de Maslow, sino únicamente sobre aquellas que realmente sean importantes para el público.

Imaginemos que debemos proponer un viaje al público, haciendo incidencia en diferentes necesidades.

• Si nos situamos en el nivel de la satisfacción de las necesidades fisiológicas, podremos subrayar la necesidad, para el bienestar psicofísico, de unas vacaciones relajantes y en contacto con la naturaleza.

• Si la necesidad más relevante es la seguridad, destacaremos todas las garantías de protección en situaciones críticas que ofrece nuestra empresa.

- Si el público aspira a satisfacer la necesidad de pertenencia, hablaremos de viajes en grupo organizados, donde es fácil relacionarse, donde las personas se agrupan por edades, intereses, etc.
- Cuando el elemento motivador sea el reconocimiento, pondremos el acento sobre la exclusividad y el refinamiento de los destinos. Situaremos el viaje entre las tendencias del momento...
- Si el viaje responde a una necesidad de autorrealización, convendrá destacar la necesidad de aventura, así como el enriquecimiento cultural o espiritual...

En caso de que no hayamos podido efectuar un análisis profundo del público, será conveniente que exploremos el mayor número de ventajas que ofrece nuestra idea o producto para poder responder a un amplio abanico de posibles necesidades.

EL OBJETIVO COMPARTIDO

El ser humano, por tanto, se ve empujado a la acción por el deseo de satisfacer sus propias necesidades. Y la satisfacción de la necesidad se traduce en la definición del objetivo.

Trabajo en una empresa a la que es difícil llegar con transporte público: me iría bien tener un coche (necesidad). Quiero comprarme un coche (objetivo). Si la necesidad no se traduce en un objetivo —y, posteriormente, en acción—, la motivación disminuye. Por tanto, para dar cumplimiento a una motivación debe partirse de un análisis de las necesidades con el fin de llegar a definir un objetivo que dé satisfacción a las mismas y sirva de trampolín para pasar a la acción.

El objetivo propuesto ha de ser el más atractivo posible, y esto comporta un trabajo de apoyo de las propias tesis encaminado a eliminar las reticencias del público y hacer que este asuma plenamente el objetivo. Si este no es aprobado, aceptado y compartido por el público, no se logrará canalizar la energía de los presentes para alcanzarlo.

ESTRUCTURA DEL DISCURSO MOTIVACIONAL

La literatura sobre la motivación, y sobre las intervenciones públicas de carácter motivacional, propone formas estructuradas para construir discursos orientados a este fin. Veamos, en especial, la secuencia que propone el estudioso estadounidense Alan H. Monroe.

La propuesta de Monroe se articula en cinco fases:

1. **Atención.** El primer paso de una intervención motivacional es definir el objetivo de suscitar la atención del público. Por tanto, si la finalidad de la intervención es de carácter persuasivo, resulta indispensable una introducción dinámica. ¿Cómo podemos pensar en convencer al público si no hemos captado su atención?

2. **Necesidades.** La segunda fase consiste en definir la situación problemática que aflige al público, es decir, evidenciar sus necesidades. Se comenzará definiendo la situación crítica, apoyando el análisis con datos estadísticos, ejemplos, testimonios...; en la práctica, todos los apoyos necesarios para conferir autoridad. Se establecerá entonces la relación entre el problema y los oyentes.

3. **Satisfacción.** Es el momento de ofrecer soluciones al problema expuesto, proponiendo un cambio de comportamiento, una nueva forma de pensar o una acción capaz de modificar la situación. Tras haber expresado las ideas, y haberlas apoyado teóricamente, resultará persuasivo aportar experiencias concretas que reafirmen cuanto ya se ha dicho.

4. **Visualización.** La creación de imágenes relativas al futuro desarrollo de la situación puede resultar muy útil para consolidar el proceso persuasivo. Al respecto, se pueden construir imágenes positivas, negativas o basadas en el contraste.

Las *imágenes positivas* muestran al público el atractivo futuro que alcanzará si adopta las convicciones, los comportamientos o las acciones que sugiere el orador.

Las *imágenes negativas* describen las condiciones, aún más críticas, que se desarrollarían si las soluciones propuestas no se llevaran a cabo.

Las *imágenes basadas en el contraste* utilizan ambos tipos de imágenes. El orador adopta, en primer lugar, un enfoque de tipo negativo, para pasar a continuación a uno de carácter positivo.

5. **Acción.** En esta fase final explícitamente se invita a pasar a la acción.

ANÁLISIS DE LA AUDIENCIA

Cuando la finalidad del discurso es de carácter motivacional, el análisis de la audiencia se convierte en una necesidad todavía más acuciante, si no se desea correr el riesgo de no alcanzar el objetivo. No debemos esperar obtener todas las indicaciones útiles exclusivamente durante el *speech*: el proceso de recopilación de datos forma parte de la preparación del discurso.

¿Cómo se pueden recoger todos los datos de carácter demográfico y psicológico que pueden ser útiles para crearse una imagen realista de la conformación del grupo? ¿Cómo se realiza una segmentación del público que permita construir un discurso persuasivo para cada segmento específico del público? Es impensable elaborar un discurso que tenga en cuenta las características específicas y las exigencias de cada persona *(marketing-to-one)*, pero considerar al público como una unidad indistinta significa encaminar el discurso hacia el fracaso. La imprecisión que ofrece un público amplio no permite construir argumentos auténticamente eficaces. Es necesario, por tanto, disponer de un cuadro lo más detallado posible del segmento o grupo al que nos dirigiremos.

Existen diversos modos de recopilar información, en función de la situación:

• Entrevistar personalmente a miembros de la empresa que posean datos útiles acerca del grupo al que tenemos que hablar.
• Realizar entrevistas telefónicas.
• Utilizar cuestionarios para la recopilación de datos que cumplimentarán los participantes con antelación *(véase el capítulo 1)*.
• Consultar en internet sitios web que puedan ofrecernos informaciones útiles.
• Consultar anuarios u otras publicaciones que contengan información acerca de la empresa.

PREGUNTAS Y RESPUESTAS: PARTICIPAR MEDIANTE EL DEBATE

El tiempo reservado al debate es uno de los momentos que algunos oradores consideran más crítico. Se trata de un espacio que, más que la presentación, comporta márgenes de incertidumbre, por cuanto interviene una variable que escapa a nuestro control: la palabra del público.

Por otra parte, puede ser una fase muy útil al finalizar la intervención, porque da la oportunidad a los presentes de obtener nuevas informaciones que consideren relevantes. Es útil también porque el intercambio comunicativo incrementa la implicación y, de este modo, el nivel de atención del público aumenta.

Los aspectos que más preocupan cuando debe comenzarse la discusión son, por una parte, el temor a no conseguir mantener el control de la situación —pueden formularse preguntas que intenten ampliar la información, pero también otras que se opongan a lo expresado por el orador— y, por otra, el miedo a no ser capaz de satisfacer las demandas del público.

Mantener el control de la situación

En lo relativo al miedo a perder el control, también aquí —como en el caso del discurso—, con el fin de mantener a raya las emociones negativas, es necesario prepararse y practicar. Es conveniente preguntarse sobre las cuestiones que podría plantear el público para profundizar y cuáles las posibles objeciones. Tenemos que ser nosotros los primeros en evaluar qué aspectos de nuestro discurso son susceptibles de ampliación, y, por tanto, pueden generar preguntas que lleven a una mayor profundización, y qué puntos de vista podrían ser más fácilmente motivo de crítica.

Es un buen método exponer a conocidos y amigos las tesis de nuestro discurso y preguntarles qué dudas, intereses o sorpresas han generado en ellos.

Partir de una posición de mayor tranquilidad psicológica, gracias a la preparación, puede ayudar a superar el temor (y el riesgo) a perder el control de la situación.

A veces, en las *business presentations* se permite la formulación de preguntas. Esta modalidad, que puede resultar muy útil para lograr la implicación del público, requiere una buena dosis de experiencia por parte del orador. En caso contrario, y para aprovechar la eficacia que sin duda tiene, es preferible reservar las preguntas para un momento preciso de la intervención.

Admitir que no se sabe

Es imprescindible ser consciente de que nadie puede saberlo todo sobre un tema. Vivimos en un tiempo en que la información es rica y circula de forma extraordinaria, y debemos ser los primeros en saber que es imposible poseer conocimientos exhaustivos, aunque seamos expertos en una determinada materia. No es ningún error responder a una pregunta diciendo que no conocemos la respuesta, pero que nos informaremos.

SUGERENCIAS PARA GESTIONAR BIEN EL DEBATE

- Explicar con claridad, al principio de la sesión de preguntas y respuestas, cómo se va a moderar el debate.
- Responder las preguntas según el orden en que se levanta la mano.
- Pedir más indicaciones, si la pregunta es demasiado genérica o confusa.
- Responder la pregunta evitando dirigirse en exclusiva a la persona que la ha formulado y manteniendo el contacto visual con todo el público.
- Repetir la pregunta antes de responderla, de manera que, si alguien del público no la ha oído bien, pueda entenderla.
- Si no se conoce la respuesta, en lugar de irse por las ramas, admitir con sinceridad que no se sabe.
- Si se sabe que entre el público hay una persona que conoce la respuesta a la pregunta, invitarla educadamente a ofrecer la información requerida.

CONSIDERAR A TODO EL PÚBLICO

El orador debería tener siempre presente al público en su totalidad, sin dejarse involucrar excesivamente por una sola persona o pregunta. Por este motivo, en caso de que la pregunta sea demasiado compleja, se podrá decir a la persona que la ha formulado que la cuestión requeriría mayor profundización, pero que la respuesta será breve para dar paso a otras intervenciones.

Algunos conferenciantes acostumbran a mostrar agradecimiento a quien plantea alguna pregunta con fórmulas del tipo: «Me alegra que me haga esta pregunta, que nos lleva al núcleo de la cuestión», «La pregunta que ha formulado es realmente interesante»... Sin duda son fórmulas que pueden resultar útiles para crear *rapport* con el público, siempre que no se abuse de ellas y que realmente la pregunta exprese contenidos dignos de interés. En caso contrario, se podrían interpretar como meramente instrumentales.

PERSONAS Y SITUACIONES CRÍTICAS

«Una cerda y una perra se lanzaban recíprocamente terribles insultos, y la cerda juraba y perjuraba en nombre de Afrodita que despedazaría a la otra. A lo que la perra replicó con ironía: "Haces bien en jurar

por Afrodita, porque está claro que te ama en especial esta diosa, que no admite en ningún caso en su templo a quien prueba tu carne impura". Y la cerda: "Precisamente, esta es una prueba de que Afrodita me quiere; por algo la diosa detesta a quien me mata y me somete a maltrato. Tú, en cambio, apestas tanto viva como muerta". »La fábula demuestra que los oradores avezados transforman hábilmente en elogios los insultos de los adversarios» (Esopo, 329).

«Tras una objeción existe siempre una información»; por eso, también tras el más enconado ataque es posible identificar una pregunta que la persona no ha sabido expresar de manera más constructiva.

El participante polémico

¿Cómo actuar con una persona que claramente desea crear polémica? En primer lugar, siempre da buen resultado adoptar un comportamiento que exprese disponibilidad y cortesía a la hora afrontar la situación crítica. El público no aprecia las actitudes hostiles o las señales de irritación en el orador, aunque puedan estar justificadas. Si, a pesar del comportamiento hostil de un participante, el orador consigue mantener la calma y afronta con *fair play* la situación, la apreciación por parte de la audiencia está asegurada.

Es necesario reafirmar la posición tomada, siendo consciente de la propia preparación, que justifica y revalida nuestra presencia allí, frente al público, y mantener nuestro punto de vista respetando plenamente las posiciones ajenas, aunque sean contrarias.

Si la actitud destructiva y polémica se intensifica, puede resultar necesario reclamar la intervención de otros participantes, no para valorar el comportamiento de la persona —intentando poner al resto del público de nuestra parte—, sino para analizar la situación crítica en términos de proceso. Se podría entonces preguntar a los participantes si desean que se continúe de acuerdo con el esquema propuesto por el orador o si prefieren que la cuestión se trate según las sugerencias de aquel participante o bien de otra manera.

Otra estrategia para contener a la persona que se muestra pertinaz en sus ataques consiste en recordar el tema de la intervención, o el tiempo del que se dispone, dependiendo de la mayor o menor adecuación de las intervenciones. Por lo cual se podrá decir que parece interesante el punto de vista propuesto, pero que el tiempo del que se dispone impide una respuesta adecuada, invitando de este modo al personaje en cuestión a proseguir la discusión una vez finalizada la conferencia. Si intentaba únicamente llamar la atención, casi seguro que continuará insistiendo.

El elemento perturbador

En lo que respecta a las situaciones críticas, debe tenerse presente que ignorar un elemento perturbador no representa una señal positiva de cara al público. No ocuparse del factor crítico es signo de escasa iniciativa e incluso podría ser interpretado como una desatención hacia los presentes.

Cuando nos encontremos en una situación crítica, por tanto, es necesario que interrumpamos nuestra intervención, que hagamos un diagnóstico de la situación y que encontremos la solución oportuna antes de retomar el discurso. Si, por ejemplo, el aire acondicionado está congelando al público, no podemos permitirnos continuar exponiendo nuestra tesis de manera imperturbable, indiferentes al bienestar de quien nos escucha.

PÁGINA DE APUNTES

- Para captar la atención del público es necesario hablar su mismo lenguaje.

- Un instrumento para crear sintonía es el seguimiento.

- El humor facilita la creación de una relación distendida y afable con la audiencia.

- Actuar sobre las necesidades del público es la mejor estrategia para resultar convincente.

- Públicos diferentes expresan necesidades diferentes.

- Para que sean motivadores, los objetivos del orador deben ser reconocidos y aceptados por los presentes.

- El debate resulta un instrumento perfecto para implicar a los participantes.

- No nos preocupemos demasiado ante preguntas cuya respuesta desconocemos completamente: no es posible conocer todos los aspectos de un tema.

- Equilibrio y cortesía permiten solventar con elegancia y buenos resultados los posibles problemas ocasionados por personas o situaciones críticas.

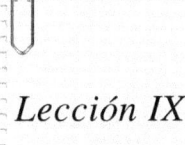

Lección IX

LAS PALABRAS DEL LÍDER MOTIVADOR

Hace tiempo volví a escuchar el célebre discurso de Martin Luther King frente a una multitud emocionada, *I have a dream*, y me impresionó de nuevo. Excepcional e incomparable ejemplo de un liderazgo capaz de implicar y motivar. De un liderazgo dotado de un extraordinario poder para crear imágenes y una gran capacidad de comunicación para transmitirlas. Se trataba de un liderazgo creíble, porque encarnaba aquello que decía.

EN PRIMER LUGAR, CREDIBILIDAD

Mis palabras son creíbles, si yo soy creíble, y mis comportamientos son creíbles, si mi comunicación también lo es...

La primera expresión del liderazgo reside en el comportamiento del líder, en su *ethos*, para decirlo como Aristóteles. La coherencia entre sus actos y sus palabras es la primera gran arma motivacional.

No hay escapatoria. Precisamente porque se marca un objetivo alto —modificar el pensamiento o la acción de otro— la motivación tiene como requisito indispensable que aquel que propone el cambio sea reconocido como creíble.

La credibilidad se mide sobre diversos elementos: profesionalidad, competencia, interés real por la audiencia, honestidad, sinceridad, dinamismo...

• Credibilidad que se manifiesta gracias a la preparación del discurso. Un discurso preparado es el resultado de la presentación organizada y racional de la información, de la búsqueda y selección amplia y variada de fuentes de documentación, de la presentación de diferentes puntos de vista y de la exposición ponderada e incisiva.

• Credibilidad fruto de haber escuchado atenta e interesadamente las razones de los demás, de mostrarse abierto a la crítica, de adoptar un es-

tilo de relación caracterizado por la cortesía y la disponibilidad, de poseer una mirada directa, capaz de conectar con las personas.
• Credibilidad basada en una pasión auténtica por aquello que se dice, que dará lugar a un estilo expositivo animado, con un lenguaje corporal incisivo y coherente, con una amplia variedad de tonos y volúmenes de la voz.

La fuerza del silencio

Las palabras de un líder son especiales y, a veces, también los silencios.

Hace tiempo vi en televisión un reportaje sobre el secuestro de Casella, el joven estudiante de Pavía raptado por la *'ndragheta* a finales del pasado siglo y mantenido como rehén durante dos años en Aspromonte. Lo que más me impactó, después, naturalmente, de la presencia de ánimo de este jovencísimo muchacho, fue el coraje y la fuerza comunicativa de su madre. Era una mujer frágil, de cabellos largos y pocas palabras, que se trasladó a Calabria y, con su silenciosa y fuerte presencia, conquistó poco a poco la solidaridad de las mujeres y, más tarde, de Calabria y de toda Italia, obligando de alguna manera a las fuerzas políticas a una contundente intervención, que condujo, finalmente, a la liberación de su hijo. Me pareció que se trataba de una extraordinaria expresión de liderazgo, callada y elocuente al mismo tiempo, silenciosa e intensamente comunicativa, irresistible.

Vigor y pasión

En otras ocasiones se trata de palabras cargadas de vigor y pasión, pronunciadas con imprevistos cambios de volumen.

Este es el caso del discurso pronunciado por Winston Churchill en la Cámara de los Comunes el 13 de mayo de 1940, un sentido y dramático llamamiento al país en el momento trascendental de la guerra:

«No tengo nada más que ofrecer que sangre, esfuerzo, lágrimas y sudor. Tenemos ante nosotros una prueba de la más penosa naturaleza. Tenemos ante nosotros muchos, muchos, largos meses de combate y sufrimiento. Me preguntáis: ¿cuál es nuestra política? Os lo diré: hacer la guerra por mar, por tierra y por aire, con toda nuestra potencia y con toda la fuerza que Dios nos pueda dar; hacer la guerra contra una tiranía monstruosa, nunca superada en el oscuro y lamentable catálogo de crímenes humanos. Esta es nuestra política. Me preguntáis; ¿cuál es nuestra aspiración? Puedo responder con una palabra: victoria, victoria a toda costa, victoria a pesar de todo el terror; victoria por largo y duro que pueda ser su camino; porque, sin victoria, no hay supervivencia».

LLAMAMIENTO A LOS VALORES IDEALES

O, incluso, palabras con las que se hace un llamamiento a altos valores ideales como los que expresó Alcide de Gasperi, el 10 de agosto de 1946, a las cuatro de la tarde, frente a los representantes de los 21 estados vencedores de la segunda guerra mundial:

«Tomo la palabra en esta asamblea mundial y siento que todo, excepto su cortesía, está en mi contra. Es sobre todo mi condición de ex enemigo la que hace que se me considere imputado y que sea citado aquí después de que los más influyentes de ustedes hayan formulado sus conclusiones tras un largo y fatigoso trabajo. ¿No corro el riesgo de aparecer como un espíritu mezquino y perturbador, que se erige en portavoz de egoísmos nacionales e intereses unilaterales? Señores, es cierto, tengo el deber, frente a la conciencia de mi país y para defender la vitalidad de mi pueblo, de hablar como italiano, pero siento la responsabilidad y el derecho de hablar también como demócrata antifascista, como representante de la nueva República que, armonizando las aspiraciones humanitarias de Giuseppe Mazzini, los conceptos universalistas del cristianismo y las esperanzas internacionalistas de los trabajadores, se orienta hacia la paz duradera y reconstructiva que deseen y hacia la colaboración entre los pueblos que tienen como tarea establecer.
»Pues bien, permítanme que les diga, con la franqueza que un alto sentido de la responsabilidad impone en este momento histórico a cada uno de nosotros, que este tratado concerniente a Italia es extremadamente riguroso [...].
»[...] Señores delegados, pende sobre ustedes la responsabilidad de ofrecer al mundo una paz que se corresponda con los proclamados fines de la guerra, es decir, la independencia y la fraterna colaboración de los pueblos libres. Como italiano no les pido ninguna concesión especial. Pido únicamente enmarcar nuestra paz en la paz que ansiosamente esperan los hombres y mujeres de todos los países que han combatido y sufrido en la guerra por una meta ideal. No se detengan en remedios efímeros, no se engañen con una tregua momentánea o con compromisos inestables, fijen su mirada en aquella meta ideal, hagan un esfuerzo tenaz y generoso para alcanzarla. Es en

este marco de una paz general estable, señores delegados, en el que pido dar tregua y crédito a la república italiana: un pueblo trabajador de 47 millones de habitantes está dispuesto a asociar su esfuerzo al suyo para crear un mundo más justo y más humano».

INVITACIÓN AL ESFUERZO PERSONAL

Palabras que invitan a la responsabilidad y al esfuerzo personal, como las que pronunció John Fitzgerald Kennedy, el 15 de julio de 1960, cerca del Memorial Coliseum de Los Ángeles, durante la Convención Demócrata, para la aceptación de la candidatura a la presidencia.

«[...] La situación es demasiado grave; el desafío, demasiado urgente, la apuesta, demasiado alta para permitir que se desaten las habituales pasiones del debate político. No estamos aquí para maldecir las tinieblas, sino para encender la vela que nos guíe a través de la oscuridad hacia un futuro seguro y tranquilo [...].
»[...] nos encontramos hoy junto a una nueva frontera, la frontera de los años sesenta, una frontera de oportunidades y peligros desconocidos, una frontera de esperanzas incumplidas y amenazas. [...] La nueva frontera a la que me refiero no está constituida por una serie de promesas, sino por un conjunto de esfuerzos. No expresa qué es lo que quiero ofrecer a los americanos, sino lo que les pido [...]».

Las palabras del líder siempre dicen «nosotros», nunca «yo». Son palabras que no hablan de problemas, errores, dificultades... Son palabras que hablan de futuro, crecimiento, desarrollo, oportunidades, éxito, objetivos comunes...

CREAR Y TRANSMITIR UNA IMAGEN ATRACTIVA DEL FUTURO

«Cread una causa, no un negocio» (Gary Hamel).

EL ESTÓMAGO Y LOS PIES

«El estómago y los pies discutían sobre cuál de ellos era más fuerte y los pies repetían sin cesar que eran muy superiores, en cuanto a

fuerza, porque podían sostener el peso del estómago. Y el estómago: "Pero, queridos míos, si no os proporciono alimento, no podríais transportarme".
»Incluso en los ejércitos en general el número no importa si los jefes tienen poca cabeza» (Esopo, 159).

Así sucede en la construcción de una visión, donde es necesario que el «jefe», aprendiz de brujo, sepa utilizar en la justa medida las fuerzas para activar la habilidad de proyectarse e interpretar aquello que todavía no existe.

Construir una visión del futuro comporta en cierta medida una capacidad de previsión y de imaginación. Requiere un esfuerzo para salirse de los esquemas conocidos y establecer un nuevo enfoque perceptivo que permita intuir, pronosticar cómo se desarrollarán los sucesos y cuáles serán los escenarios del mañana.

IMAGINAR Y HACER IMAGINAR

Con el fin de acrecentar el interés por el futuro, también es necesario que este tenga un rostro, muestre una imagen tan concreta e intensa como la del propio presente. Sólo de este modo se podrán desarrollar, en relación con el mañana, un interés de carácter intelectual y una adhesión emocional.

Sin capacidad de visión no existe liderazgo. Pero el liderazgo no acaba aquí, el líder no es sólo capaz de imaginar, también consigue hacer imaginar.

Imaginar es crear. Es hacer vivir aquello que todavía no existe. Es tender puentes, construir el futuro.

Imaginar y hacer imaginar: esa es la esencia del liderazgo. El líder habla y al hacerlo dibuja en el aire el rostro del futuro, el retrato del mañana; te hace ver y sentir que con este mañana puedes hacer algo. Que este mañana te gusta. Que por este mañana vale la pena asumir lo que eres y lo que tienes. Que en este mañana se encuentra el secreto de tu plenitud como hombre, como ciudadano, como trabajador.

El líder habla y gracias a sus palabras ves. El líder no es un visionario. Tiene una visión. Y crea el camino.

No es un don Quijote, o lo es en poca medida. Lo es al marcar metas elevadas. Con la mirada recorre los caminos del cielo, pero mantiene los pies en tierra. Tiene el valor para soñar y la inteligencia para actuar. Tiene corazón.

El líder dice *I have a dream* y miles de personas lloran de emoción y pasión.

La conciencia de un significado

En la cantera de mármol algunos operarios desarrollan su trabajo: cortan bloques de mármol. Alguien se acerca, se dirige a uno de ellos y le pregunta qué está haciendo. Este, más bien molesto, responde: «Estoy cortando bloques de mármol». Se aproxima a otro, le formula la misma pregunta y recibe esta respuesta: «Colaboro en la construcción de una gran catedral».

Crear una visión y transmitirla significa, como sugiere esta historia, atribuir un sentido al esfuerzo diario, ofrecer una clave de interpretación de las acciones, justificadas por la meta.

Veamos qué dice al respecto el psicoanalista Viktor Frankl en uno de sus últimos textos.

«El hombre necesita tensión, y sobre todo necesita y le resulta beneficiosa la tensión que se establece en el campo de fuerza polar entre sí mismo y una finalidad que se marca, una tarea que elige, o bien —como diría Karl Jaspers— "algo que hace suyo". Y créanme a mí, un neurólogo ya viejo: si algo tiene la capacidad de ayudar al hombre a superar las dificultades, eso es la conciencia de un significado que espera todavía ser realizado. Por casualidad conozco muy bien la literatura internacional concerniente a la psicología de los campos de concentración, y puedo decir que los resultados de la investigación científica establecen que, a fin de cuentas, la posibilidad de que un prisionero sobreviviese dependía del hecho de que se sintiese motivado por el futuro, por un proyecto que pensaba realizar en el futuro, cuando estuviese libre».

En la insatisfacción de hoy, el proyecto de mañana

Las palabras de un líder deben dejar entrever el futuro.

En el contexto político, suele suceder que aquellos que motivan consiguen recoger la insatisfacción por la situación presente y proponen alternativas capaces de dirigir las fuerzas hacia un cambio. Así sucedió con Gandhi, con su visión de una India independiente, o Gorbachov, con su visión del mundo soviético orientado hacia una nueva apertura.

Construir una visión atractiva del futuro requiere la capacidad de convertir la insatisfacción de hoy en el proyecto de mañana.

«[...] Antes de que llegasen los ingleses, India hilaba y tejía en sus millones de chozas lo que necesitaba para complementar los escasos recursos agrícolas. Esta industria popular, vital para la supervivencia de India, se vio arruinada por procesos increíblemente despiadados e inhumanos, tal como los han descrito observadores ingleses. No imaginan, los habitantes de la ciudad, que las masas indias hambrientas se hunden lentamente en una situación de indigencia. [...] No se dan cuenta de que el gobierno de la India británica, basado en la ley, trabaja para explotar a las masas. Ningún sofisma y ninguna manipulación de las cifras pueden hacer olvidar la realidad de que en muchos pueblos los esqueletos se ven a simple vista» (Gandhi, fragmento del discurso de autodefensa durante el proceso de 1922).

En palabras como estas se encuentra la semilla de lo que en 1947 aconteció: la independencia de la India.

A continuación, se incluye un fragmento del discurso pronunciado por Gorbachov el 3 de septiembre de 1991, tras el fallido intento de golpe de Estado en la Unión Soviética.

«[...] este golpe de Estado confirma que lo que hemos estado haciendo desde 1985 ha permitido crear una nueva realidad y una nueva base para nuestro país; el golpe de Estado estaba condenado a fracasar. El pueblo no lo ha aceptado. El ejército se ha mantenido junto al pueblo. Por primera vez hemos visto una nueva generación, surgida en los últimos años, dispuesta a dar su vida por esta nueva realidad. Hemos visto que no hemos trabajado en vano, vosotros y yo, con nuestra nueva forma de pensar, estableciendo nuevas relaciones entre el gobierno y el pueblo, que, en este momento difícil, ha optado por los demócratas, contra los golpistas. Significa que algo hemos conseguido».

He aquí la visión que se hace realidad.

TRANSMITIR ENERGÍA Y ENTUSIASMO

Cuando hablaba el orador Esquines los atenienses decían: «¡Qué bien habla!»; en cambio, cuando lo hacía Demóstenes decían: «¡Unámonos contra Filipo!».

«*Una vez más a la brecha, queridos amigos, una vez más: o tapad la muralla con nuestros muertos ingleses.*
»*[...] Adelante, adelante, los más nobles de los ingleses, cuya sangre viene de padres probados en la guerra, padres que, como otros nuevos Alejandros, combatieron en estas partes desde el amanecer hasta envainar las espadas por falta de resistencia. No seáis deshonra de vuestras madres: dad testimonio de que os engendraron aquellos a quien llamabais padres.*
»*[...] Y vosotros, buenos soldados de infantería, cuyos miembros se formaron en Inglaterra, mostradnos aquí el temple de vuestro pasto, haced que juremos que sois dignos de vuestra crianza, cosa que no dudo, pues no hay ninguno de vosotros tan bajo y vil que no tenga lustre de nobleza en los ojos. Yo os veo como galgos que tiran de la correa, tendiéndose para echar a correr. La partida está en marcha: seguid vuestro espíritu; y con esta orden, gritad: "¡Dios, por Enrique, Inglaterra y San Jorge!"*».

Estas palabras, extraídas de *Enrique V*, de William Shakespeare, son las de un líder capaz de motivar e infundir entusiasmo y voluntad a sus hombres. Respecto a otras figuras de gobernantes incluidos por Shakespeare en sus obras, Enrique V se distingue por ser la expresión de un liderazgo victorioso, carismático, capaz de arrastrar y seducir a los soldados con su propia visión de las cosas.

Enrique y sus tropas están asediando una ciudad del norte de Francia, Harfleur. La situación se prolonga debido a la valiente y obstinada defensa francesa; los soldados ingleses comienzan a temer que no podrán conquistar la ciudad. En esta situación Enrique V se dirige a sus hombres, pronunciando palabras capaces de inflamar el ánimo y conducir a la victoria.

Compartir un proyecto

La habilidad del héroe shakesperiano consiste precisamente en actuar sobre valores fuertes, cohesionadores, capaces de llegar al corazón antes que a la mente. Habría podido incidir sobre aspectos técnicos analizando las fuerzas sobre el terreno, las condiciones de las tropas... Pero opta por otra vía, desafía el sentido del honor de los soldados, les recuerda su procedencia y e intereses comunes. Reclama para su causa a los padres y despierta el sentido de pertenencia a la tierra: el amor a la patria.

Detrás de todo proyecto, de cualquier esfuerzo y acción, tras una «visión», existen siempre los valores, que representan lo que consideramos importante, lo que da sentido a nuestro quehacer. Y de los valores que nos animan y nos mueven surge la energía necesaria para la acción. Nuestros valores nos motivan. Y si nuestros valores nos motivan, para motivar a los demás debemos actuar sobre sus valores. El líder motivador es aquel que se pregunta por los valores de las personas que le rodean, los reconoce y, en base a ellos, construye un proyecto que pueda ser compartido.

«Saber comparecer ante un público amplio y persuadirlo para que "compre" el mensaje es una cualidad fundamental del líder, tan importante como saber calcular o programar. [...] El arte del showman *requiere, en cambio, desnudar en parte el alma para comunicar el mensaje. El artista que no consiga dar algo de sí mismo no llegará nunca al público, por refinada que pueda ser su actuación. Lo mismo puede decirse del líder de una sociedad» (Jan Carlzon).*

CONVENCERSE UNO MISMO PARA CONVENCER A LOS DEMÁS

Como subraya Carlzon, el vínculo de unión entre el mensaje y el público siempre es el orador. Quintiliano añade:

«¿Cómo podrán aquellos que afrontan un combate olvidar a un tiempo el miedo a la fatiga, a los dolores e incluso a la muerte, si el lugar de estos sentimientos no es ocupado por el amor a la patria, el coraje y la imagen del honor que se presenta frente a sus ojos? La persona más adecuada para lograr que los demás experimenten estos sentimientos será aquella que primero se haya convencido a sí misma».

La convicción del orador consigue convencer al público.

En su libro *Il venditore meraviglioso*, Frank Bettger afirma que el entusiasmo, la «fe» son requisitos indispensables para cerrar una venta. También —añado— para defender una tesis, para lograr que sea convincente.

En el ensayo *Il codice dell'anima*, J. Hillman explica que Billy Graham, exponente de la religiosidad nacional americana, predicador de Eisenhower, Johnson, Nixon, Ford y Reagan, en el verano de 1936, recién finalizados sus estudios superiores, estuvo vendiendo cepillos de dientes puerta a puerta. En pocas semanas vendió una gran cantidad de cepillos. Graham lo justificó del siguiente modo: «Confiaba en el producto. La venta de aquellos cepillos se había convertido para mí en una causa a la que dedicarme. Pensaba que todas las familias tenían derecho a poseer su cepillo Fuller... La sinceridad es el ingrediente más importante para vender cualquier cosa».

Una cualidad que puede cultivarse

Bettger también afirma que el entusiasmo, la mejor cualidad del vendedor, puede desarrollarse. En efecto, recomienda actuar como si se fuese entusiasta: adoptar este comportamiento consigue despertar un entusiasmo sincero.

En las palabras de los persuasores de nuestra época encontramos aquello que Quintiliano afirmaba a propósito de la fuerza de la pasión: «Las palabras no faltan incluso a los hombres carentes de cultura, con tal de que se vean impelidos por alguna pasión».

Cómo identificar al líder

¿Quién es, por tanto, el líder? Es aquel que logra intuir el futuro y penetrar en él, aquel que sabe hacer partícipes a los demás de esta visión, transmitir energía y entusiasmo respecto a esta experiencia, y, además, aquel que es capaz de formar parte de esta posibilidad.

> «Con la divina prerrogativa de los niños que toman en serio sus juegos, lo maravilloso que hay en nosotros lo vertemos sobre las cosas con las que jugamos, y nos dejamos seducir por ellas» (Luigi Pirandello, El gigante de la montaña).

EL *RE-MAPPING*

> «Navegamos por un ancho mar, siempre incierto y fluctuante, empujados de una orilla a otra. Cualquier término al que pensamos anclarnos o aferrarnos vacila y nos abandona, y si lo seguimos, escapa a nuestras manos, se escurre y se aleja en una fuga eterna.
> »Nada se detiene por nosotros. Es la condición natural, y, sin embargo, la más contraria a nuestras tendencias. Ardemos en deseos de encontrar un asidero estable y una base segura sobre la que

edificar una torre que se eleve hasta el infinito, pero nuestros cimientos se agrietan y la tierra se abre en un abismo.
»Es inútil, por tanto, buscar seguridad y estabilidad».

Con esta extraordinaria imagen extraída de los *Pensamientos*, Pascal nos introduce directamente en el tema tan actual de la inestabilidad y el cambio.

Adoptar la lógica de que la condición humana está sujeta por naturaleza a vivir en la incertidumbre, y de que el cambio forma parte de esta condición, no es algo sencillo para el hombre, y quizás es inevitable, sugieren las palabras de Pascal.

La contradicción estabilidad-cambio

Vivimos una contradicción. Necesitamos cierto grado de estabilidad, porque esto garantiza nuestro bienestar psicológico. Por otra parte, también nuestro cuerpo se apoya en una estabilidad biológica. Los sistemas homeostáticos tienen como finalidad mantener las condiciones corporales, controlando los cambios que podrían dañar el sistema. Y, así como en el plano biológico existen estos dispositivos de regulación corporal, del mismo modo nuestra mente dispone de sistemas similares para mantener el equilibrio psicológico.

Pero, al mismo tiempo, el ser humano porta en sí el germen del cambio: el cuerpo de hoy no es el mismo de ayer, ni las vivencias psíquicas de hoy son idénticas a las de ayer.

Al respecto se puede añadir que el conjunto de cambios al que debemos hacer frente es, en la actualidad, más imponente que nunca. Y a raíz de ello, las antiguas respuestas, las anteriores estrategias resultan inadecuadas.

«Los dogmas del pasado son inadecuados en los tiempos procelosos en que nos encontramos y en los que todavía deberemos afrontar. Dado que las circunstancias son completamente nuevas, también debemos pensar y actuar de un nuevo modo».

Estas elocuentes y medidas palabras de Abraham Lincoln, extraídas de un discurso pronunciado al inicio de la guerra de secesión americana, me parecen extremadamente actuales y contemporáneas, vistos los «tiempos procelosos en los que nos encontramos» también nosotros hoy.

Dirigir el cambio

En un mundo que cambia a una velocidad vertiginosa, la primera función del liderazgo consiste en dirigir el cambio. En una situación cada vez más inestable, la función del líder radica en actualizar el modo en que sus colaboradores perciben la realidad y, por tanto, también la manera de responder al cambio. El ser humano reacciona frente a los hechos de acuerdo con la interpretación que hace de ellos; es esta mirada, esta interpretación de los hechos la que debe modificarse. Y sobre ella, precisamente, el líder, guía del cambio, debe intervenir.

Del juego del cuadrado...

Intente resolver el siguiente juego. Los nueve puntos equidistantes que ve aquí debajo deben unirse mediante cuatro líneas rectas trazadas una tras otra sin levantar el lápiz del papel (véase la solución en la pág. 230).

• • •

• • •

• • •

En general, cuando se propone este ejercicio en las aulas de formación, las personas buscan la solución dentro de un área bien circunscrita. El conocimiento que tenemos de la geometría euclidiana nos hace ver en estos nueve puntos la figura geométrica de un cuadrado y, por ello —al menos al principio—, intentamos buscar la solución del problema dentro de esta superficie conocida y limitada. Y no llegamos a nada. Sólo con un cambio de perspectiva, partiendo de nuevas premisas, es posible alcanzar la solución.

... al experimento con los monos

Veamos qué se comprobó durante un experimento protagonizado por cinco monos. Los animales fueron encerrados en una habitación en la que había un palo con un racimo de plátanos encima. En cuanto los monos vieron los plátanos, corrieron en dirección al palo para apoderarse de ellos. Pero cuando trepaban, un chorro de agua fría los obligaba a retirarse. Tras varios intentos con el mismo resultado, los monos renunciaron a apropiarse de los plátanos.

En ese momento, uno de los monos fue retirado de la habitación y, en su lugar, se introdujo otro. Desconocedor de las consecuencias, en cuanto vio los plátanos, el animal se comportó exactamente como los primeros monos, pero estos, que sabían lo que podría suceder, lo detuvieron antes de que alcanzase el punto crítico y se activase la ducha de agua fría.

Uno tras otro, los monos de la «primera generación» fueron retirados y sustituidos. Se obtuvo el siguiente resultado: ¡un grupo de monos impedía que uno de sus semejantes trepase por el palo que conducía a un racimo de plátanos sin conocer el motivo!

¿No podríamos afirmar que, en ocasiones, algunos de nuestros comportamientos se deben no a una valoración de los potenciales resultados, sino a comportamientos habituales bien enraizados, que nos impiden preguntarnos si estamos aplicando o no la estrategia más eficaz?

LA NECESIDAD DE UNA NUEVA DISPOSICIÓN «GEOGRÁFICA»

Esto nos sucede tanto a nosotros como individuos como a las empresas. Y se crea un desajuste entre el mapa y el territorio. Una separación que se amplifica hasta resultar incongruente. Es necesario, entonces, dejar a un lado el viejo mapa y sustituirlo por uno nuevo. Es preciso rehacer el mapa, renombrando las cosas y creando, mediante el discurso, una nueva ordenación de la realidad.

Se trata del proceso de *re-mapping*, que corresponde al líder, que debe asumir la tarea de renovar los mapas de interpretación de la realidad, proponiendo otros más acordes con la situación que los que poseen las personas que colaboran con él.

El líder buscará las nuevas coordenadas en su proyecto, en su visión personal del futuro, que actuará como referencia fija en la nueva disposición «geográfica» que él mismo habrá creado.

«TE MIRO Y TE VEO»

Para que el proceso de *re-mapping* llegue a buen puerto, es esencial que el líder cree un clima de confianza, absteniéndose de juzgar y aceptando las posiciones del interlocutor. «Te miro y te veo»; el líder hace crecer al otro porque lo ve y lo reconoce. Lo «honra», como dice Robert Dilts.

Este es el presupuesto básico para efectuar el *re-mapping*. Se trata de un proceso que requiere la capacidad demostrativa y argumentativa de las palabras del líder. A través de estas, ha de conducir a su grupo, de manera lógica y consecuente, a valorar y adoptar nuevas formas de pensamiento y de comportamiento.

Logos y pathos

La Declaración de Independencia de 1776 de Thomas Jefferson es un ejemplo muy conocido de renovación del mapa.

«Sostenemos como evidentes estas verdades: que todos los hombres son creados iguales; que son dotados por su Creador de ciertos derechos inalienables; que entre estos están la vida, la libertad y la búsqueda de la felicidad; que para garantizar estos derechos se instituyen entre los hombres los gobiernos, que derivan sus poderes legítimos del consentimiento de los gobernados; que cuando quiera que una forma de gobierno se haga destructora de estos principios, el pueblo tiene el derecho a reformarla o abolirla e instituir un nuevo gobierno que se funde en dichos principios, y a organizar sus poderes en la forma que a su juicio ofrezca las mayores probabilidades de alcanzar su seguridad y felicidad».

Se trata de palabras dotadas de capacidad argumentativa y carga ideal: *logos* y *pathos*. El círculo se cierra. Para lograr que los interlocutores asuman nuevas visiones de las cosas, elijan el cambio, deberemos extraer de nuestro carcaj las flechas de la razón y el corazón.

Organizar la primavera

Escribe el director ruso Yuri Alschitz: «La misión del director consiste en crear un clima especialmente adecuado para el nacimiento de nuevos brotes, una estación adecuada para que las cosas NAZCAN. Para hacer que las hojas salgan por sí mismas, mientras el alma brinca y salta como una muchachita de quince años. ¿Pensáis que es sencillo organizar la primavera? ¿Demostrar a todos que se puede comenzar de nuevo desde el principio y hacer que todos vayan hacia no se sabe bien dónde? No, no es fácil, pero me parece que aquí reside la esencia de la dirección: organizar la primavera».

«Organizar la primavera», esa me parece que es también la misión del líder.

PÁGINA DE APUNTES

- El líder, en inglés *leader* (del verbo *to lead*, «guiar»), es aquel que se hace seguir.

- El líder sabe crear visiones poderosas, que se basan en valores compartidos y en una capacidad de prever el futuro.

- Sólo podemos transmitir el entusiasmo que poseemos.

- Shakespeare nos enseña que los valores fuertes y sentidos conducen a la acción.

- Entre las tareas del líder se encuentran las de renovar los mapas de interpretación de la realidad, indicar nuevas lecturas de los hechos y estimular el cambio.

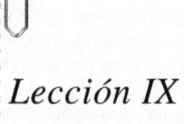

Lección IX

EL SOPORTE VISUAL

UNA IMAGEN VALE MÁS QUE MIL PALABRAS

El lenguaje visual ofrece la posibilidad de memorizar mejor el mensaje. La nuestra es una sociedad de imágenes, de modo que si deseamos que el público retenga el contenido de nuestro discurso, debemos hacer que «vea» lo que decimos. Las personas recuerdan mucho mejor si escuchan y ven al mismo tiempo. El soporte visual es todo aquello relacionado con nuestra conferencia que podemos mostrar al público: mapas geográficos, diapositivas, fotografías, gráficos, cortes de película, vídeos, maquetas...

También el lenguaje no verbal del orador representa un apoyo al discurso. Mejor dicho, es el apoyo más importante e incisivo.

Más allá del papel primario de apoyo y clarificación de la exposición, el material visual asume las siguientes funciones:

• Su manipulación permite al orador reducir la tensión nerviosa.
• Si se organiza y manipula bien, contribuye a ofrecer una imagen de profesionalidad.
• Da variedad a la exposición, favorece la estructuración temporal de la intervención y despierta el interés.
• Persuade.

Por ejemplo, en los tribunales el uso de testimonios visuales relacionados con el crimen que se juzga, además de constituir una prueba sometida a la valoración de los jueces, contribuye a tomar conciencia de lo sucedido.

No obstante, utilizar imágenes comporta algunos riesgos: pueden desviar la atención del orador, resultar aburridas o reducir el ritmo de la intervención. Conviene, pues, dedicar a su preparación y uso la misma atención que al discurso.

ALGUNAS SUGERENCIAS

- Es importante intentar conferir una cierta originalidad a los materiales de apoyo. Cuando se recurre a programas estructurados de composición visual, el riesgo de hacer presentaciones similares a las de muchos otros es notable. La fuerza comunicativa de las imágenes también reside en su capacidad de diferenciación.
- Debemos evitar leer en voz alta lo que está escrito en la imagen. El público puede hacerlo por sí mismo. Sin contar con que, entre el tiempo de la lectura mental de los participantes y el de la nuestra en voz alta, existe un desfase temporal, un tiempo que para el público queda vacío y resulta aburrido. Naturalmente, no deberíamos vernos nunca en la necesidad de leer por resultarle imposible hacerlo al público; esto significaría que no hemos preparado bien el material, o que no nos hemos tomado la molestia de comprobar con antelación que los aparatos utilizados están en condiciones óptimas.
- No sobrecargaremos de información la imagen. La parte visual no es el discurso. Si aporta demasiados datos, resta poder comunicativo al propio soporte y credibilidad al orador.
- Es preferible introducir verbalmente el contenido de la imagen y después mostrarla. De este modo no se corre el riesgo de que la atención se desvíe demasiado del orador hacia la imagen.
- No se tiene que perder nunca el contacto visual con el público. Es demasiado frecuente ver a oradores pendientes de la imagen mientras tratan el tema al que hacen referencia las palabras escritas.

EL SOPORTE COMUNICATIVO

El lenguaje visual debe ser sintético, tiene que estar caracterizado por palabras cargadas de significado, capaces de evocar muchas otras. Palabras que informan, plantean interrogantes o persuaden. Estas funciones han de ejercerlas no sólo las palabras escritas, sino también las imágenes que las acompañan. El lenguaje visual puede mezclar palabras e imágenes, resultando así todavía más eficaz. De este modo, la página misma, gracias a la combinación de elementos diferentes y a la relación entre ellos (palabras, imágenes, espacio, colores, tipografía...), se convierte en medio de comunicación.

> «El texto no comunica únicamente a partir de su contenido lingüístico, sino también a través de su presentación material» (R. Escarpit).

RECORRIDO PERCEPTIVO

La página debería construirse de acuerdo con un «proyecto gráfico-comunicativo» que cree un recorrido perceptivo, enfatizando aquello que debería grabarse mejor en la memoria de la audiencia. Las informaciones principales deben captarse primero, y por este motivo es necesario que destaquen.

Aspecto gráfico

En el texto escrito, la tipografía tiene una especial importancia, pues le otorga una personalidad propia. El tipo de letra y su tamaño asumen la misma función que la entonación y el volumen del habla.

> *«La tipografía es a los titulares lo que la entonación al discurso, o la declamación a la poesía» (Annamaria Testa).*

El color

En una página escrita, también el color constituye un interesante instrumento de comunicación visual. El color elegido —frío o cálido— determina el tipo de relación que se desea establecer con el público. El color es capaz de estimular respuestas emotivas y guiar el recorrido perceptivo, facilitando la estructuración del mensaje en diferentes niveles. Puede hacer más atractivo o expresivo el mensaje, y ampliar su significado.

El color es capaz de producir emociones en lo más íntimo del hombre, provocando respuestas inconscientes y emotivas.

> *«Los colores son el alfabeto del mundo; no sólo el mar, el prado o el fuego, sino también los sentimientos, las palabras, las situaciones e incluso las ideas tienen colores» (C. Magris).*

COLORES	VALOR SIMBÓLICO Y PSÍQUICO	EFECTOS
Blanco	Símbolo de la luz; imagen de pureza, inocencia, limpieza; representa el pensamiento y la ausencia de sentimientos	Tonifica, deslumbra, deprime, consume
Negro	Expresión del caos, de la muerte y del mal; emblema de la potencialidad inexpresada; marca momentos de tránsito y transformación; expresa autoridad, erotismo, lujo	Relajante, deprimente
Rojo	Símbolo de amor, pasión, sexo y lucha; representa el fuego, la energía, la sangre	Benéfico y sanador, cura la melancolía y estimula los procesos creativos, enerva y excita
Amarillo	Alegoría del conocimiento; imagen de la alegría; expresa disposición para el cambio; color del sol y del oro, si es pálido asume las características infernales del azufre	Da energía, serenidad y jovialidad, puede excitar y molestar
Verde	Vinculado al ciclo vegetal, representa la gemación; en su aspecto negativo representa el veneno	Refrescante, relajante
Azul	Imagen de la profundidad, de la espiritualidad y de las virtudes sobrenaturales	Calmante, sedante, relajante, deprimente
Marrón	Representa la tierra; es maternal, nutritivo, acogedor y protector; sensual, perezoso y lento	Confortable, relajante, sofocante
Violeta	En alquimia indica la conjunción de los opuestos; sensible, sugestionable, inquieto, sexualmente ambiguo, refinado	Provoca serenidad melancólica y una velada excitación
Naranja	Simboliza la sabiduría y la iluminación de la mente, el calor y la energía del sol concentrados	Estimulante, energizante, liberador, vigorizante
Gris	Expresa templanza, compostura y pobreza	Relajante, protector, disimulador

L. Luzzatto y R. Pompas, *Il colore persuasivo*

PÁGINA DE APUNTES

- El soporte visual comunica tanto con el contenido lingüístico como con la forma.

- Los elementos visuales apoyan y refuerzan el discurso.

- Si se utilizan de manera adecuada, los colores tienen un intenso valor comunicativo.

CONCLUSIÓN

GUÍA DEL BUEN ORADOR

Definamos el objetivo general de nuestro discurso y, a continuación, el específico. Actuando de este modo, podremos seleccionar y organizar el material para desarrollar la conferencia de manera coherente.

Realicemos un cuidadoso análisis de las características y los intereses del público al que hablaremos.

«La primera impresión es la que cuenta»: organicemos una introducción atractiva y convincente, cuidando nuestras palabras y nuestra imagen.

Miremos al público a los ojos, establezcamos con él una relación auténtica.

Utilicemos el lenguaje más adecuado para hacernos comprender por nuestros interlocutores. Recordemos que no estamos allí para demostrar nuestra preparación, sino para que nos comprendan. Para comunicar.

La gestualidad es un poderoso instrumento comunicativo. Utilicemos los gestos para describir, reforzar conceptos y suscitar emociones.

La conclusión es la última oportunidad que tenemos para consolidar la relación con el público y dejarle un recuerdo positivo tanto de nosotros como de nuestras palabras. Actuemos de manera que sea totalmente eficaz.

Y PARA FINALIZAR...

Un libro es un viaje. Tanto como lo es una representación teatral o una intervención frente al público. Y un viaje finaliza cuando se llega al destino. Pero, en realidad, no termina del todo, continúa viviendo de otro modo. Las experiencias pasadas, las enseñanzas aprendidas, las personas encontradas siguen viviendo en nosotros y, de este modo, nos hacen diferentes. Es lo que deseo para este libro.

Querría despedirme con las palabras con que Pirandello, a través de Vitangelo Moscarda, protagonista de *Uno, ninguno y cien mil*, finaliza la novela:

«Ningún nombre. Ningún recuerdo hoy del nombre de ayer; del nombre de hoy, mañana. Si el nombre es la cosa; si un nombre es para nosotros el concepto de algo situado fuera de nosotros; y sin nombre no existe el concepto, y la cosa permanece en nosotros ciega, indistinta e indefinida; pues bien, esto que forma parte de los hombres cada uno lo grabe, como epitafio, en el frente de aquella imagen con que se le aparezca, y la deje en paz y no hable más. No es más que esto, un epitafio, un nombre. Conviene a los muertos. A quien ha concluido. Yo estoy vivo y no concluyo. La vida no concluye. La vida no sabe de nombres. Este árbol, conjunto trémulo de nuevas hojas. Soy este árbol. Árbol, nube; mañana, libro o viento: el libro que leo, el viento que bebo. Todo fuera, vagabundo.
»El hospicio se alza en el campo, en un lugar muy agradable. Salgo cada mañana, al amanecer, porque ahora quiero conservar el espíritu así, con el frescor del alba, como si acabara de descubrirlo todo...».

Solución al juego de la página 218.

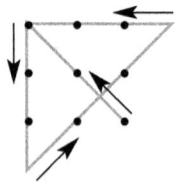

BIBLIOGRAFÍA

ALBERTI, R., y M. EMMONS, *Essere assertivi*, Il Sole 24 Ore, Milán, 2003.
ALSCHITZ, J., *La grammatica dell'attore*, Ubulibri, Milán, 1998.
AMADORI, A., y N. PIEPOLI, *Creatività in azione*, Sperling & Kupfer Editori, Milán, 1997.
ARISTÓTELES, *Retórica*, RBA Coleccionables, Barcelona, 2007.
BANDLER, R., *Usare il cervello per cambiare*, Astrolabio, Roma, 1986.
BARBA, E., *La canoa di carta*, Il Mulino, Bolonia, 1993.
BARKER, C., *Giochi di teatro*, Bulzoni, Roma, 2000.
BELL, G., *Come parlare in pubblico... anche per lavoro*, Franco Angeli, Milán, 1991.
BETTELHEIM, B., *Il mondo incantato*, Feltrinelli, Milán, 1977.
BETTGER, F., *Il venditore meraviglioso*, Longanesi, Milán, 1954.
BIRKENBIHL, V. F., *Las señales del cuerpo y lo que significan*, Ediciones Mensajero, Bilbao, 1984.
BLANCHARD, K., y P. HERSEY, *La leadership situazionale*, Sperling & Kupfer Editori, Milán, 1982.
BORGNA, E., *L'arcipelago delle emozioni*, Feltrinelli, Milán, 2001.
BRENTANO, C. A., *Hablar en público*, De Vecchi, Barcelona, 2004.
BROOK, P., *Il punto in movimento 1946-1987*, Ubulibri, Milán, 1988.
— *La puerta abierta: reflexiones sobre la interpretación y el teatro*, Alba Editorial, Barcelona, 2002.
BUCKLEY, W., *Sociology and modern systems theory*, Prentice Hall, Englewood Cliffs, NJ, 1967.
BUZAN, T., y B. BUZAN, *Mappe mentali*, NLP Italy, Bérgamo, 2003.
CARLZON, J., *La piramide rovesciata*, Franco Angeli, Milán, 1997.
CARNEGIE, D., *Cómo hablar bien en público*, Edhasa, Barcelona, 1993.
CAROTENUTO, A., *Il tempo delle emozioni*, Bompiani, Milán, 2003.
CASULA, C., *I porcospini di Schopenhauer*, Franco Angeli, Milán, 1997.
— *Giardinieri, principesse, porcospii*, Franco Angeli, Milán, 2002.
CATTANI, A., *Forme dell'argomentare*, Edizioni GB, Padua, 1990.
CHALVIN, D., D. DELAUNAY, J. P. LAPRA, J. L. MULLER, J. TEBOUL y F. BUSSAT, *L'analisi transazionale*, Franco Angeli, Milán, 1998.

CIALDINI, R. B., *Le armi della persuasione*, Giunti, Florencia, 1995.
CORNO, D., *Scrivere e comunicare*, Mondadori, Milán, 2002.
CORRIGAN, P., *Shakespeare e il management*, ETAS, Milán, 2001.
COVEY, S. R., *Los 7 hábitos de la gente altamente efectiva: la revolución ética en la vida cotidiana y en la empresa*, Paidós Ibérica, Barcelona, 2007.
CUTTICA, L., *L'avventura del comunicare*, Xenia, Milán, 1996.
D'AMBRA, M., *Las nuevas técnicas de comunicación*, De Vecchi, Barcelona, 1993.
DE BONO, E., *Essere creativi*, Il Sole 24 Ore, Milán.
DELLA GHERARDESCA, S., *Non si dice «piacere»*, Sperling & Kupfer Editori, Milán, 2000.
DILTS, R., J. GRINDER, R. BANDLER, L. C. BANDLER y J. DELOZIER, *Programmazione Neurolinguistica*, Astrolabio, Roma, 1982.
DÜRRENMATT, F., *Il minotauro*, Marcos y Marcos, Milán, 1987.
ECO, U., *Lector in fábula*, Lumen, Barcelona, 1999.
EPÍCTETO, *Manual*, Gredos, Madrid, 2002.
ESOPO, *Fábulas*, José J. de Olañeta, Palma de Mallorca, 2004.
FARNÈ, M., *Lo stress*, Il Mulino, Bolonia, 1999.
FISCHER, M., *Il milionario*, Bompiani, Milán, 2001.
FRANKL, V., *Uno psicologo nel lager*, Ares, Milán, 1967.
FRESCAROLI, A., *Saper scrivere bene oggi*, De Vecchi, Milán, 1986.
GALGANO, V., *Come diventare un grande oratore*, Sperling & Kupfer Editori, Milán, 1997.
GERMAN, K. M., B. E. GRONBECK, D. EHNINGER y A. H. MONROE, *Principles of public speaking*, Pearson, Boston, 2001.
GOLEMAN, D., *Inteligencia emocional*, Kairós, Barcelona, 2008.
— *La práctica de la inteligencia emocional*, Kairós, Barcelona, 2007
GRANATA, G., *PNL la Programmazione Neurolinguistica*, De Vecchi, Milán, 1999.
GROTOWSKI, J., *Hacia un teatro pobre*, Siglo XXI de España Editores, Madrid, 1999.
HALL, E. T., *La dimensione nascosta*, Bompiani, Milán, 1968.
HAMEL, G., y C. K. PRAHALAD, *Compitiendo por el futuro: estrategia crucial para crear los mercados del mañana*, Ariel, Barcelona, 1998.
HANKS, K., *Navegare nel cambiamento*, Franco Angeli, Milán, 1995.
HILLMAN, J., *El código del alma*, MR Ediciones, Madrid, 1998.
HUMES, J. C., *Speak like Churchill, stand like Lincoln*, Three Rivers Press, Nueva York, 2002.
JAMES, T., y D. SHEPHARD, *Comunicare in pubblico magicamente*, NPL Italy, Bérgamo, 2004.

KIERKEGAARD, S., *Aut-Aut*, Mondadori, Milán, 1956.
KOTLER, P., *Il markeging dalla A alla Z*, Il Sole 24 Ore, Milán, 2000.
LAING, R. D., H. PHILLIPSON y A. R. LEE, *L'io e gli altri*, Sansoni, Florencia, 1969.
LANKTON, S., *Magia pratica*, Astrolabio, Roma, 1989.
LAUSBERG, H., *Elementos de retórica literaria*, Gredos, Madrid, 1993.
LEECH, T., *Say it like Shakespeare*, McGraw Hill, Nueva York, 2001.
LEEDS, D., *Power Speak*, Career Press, Franklin Lakes, 2003.
LE ROUX, P., *Presentare per convincere*, Lupetti, Milán, 1995.
LO CASCIO, V., *Gramática de la argumentación: estrategias y estructuras*, Alianza, Madrid, 1998.
LOWEN, A., *El lenguaje del cuerpo: dinámica física de la estructura del carácter*, Herder, Barcelona, 2007.
LUFT, J., *Psicologia e comunicazione*, ISEDI, Milán, 1975.
LUZZATTO, L., y R. POMPAS, *Il colore persuasivo*, Il Castello, Milán, 2001.
— *Il significato dei colori*, Bompiani, Milán, 2001.
MACCHIA, G., *Pirandello o la stanza della tortura*, Mondadori, Milán, 1992.
MARCO AURELIO, *Meditaciones*, Gredos, Madrid, 1994.
MASLOW, A., *Psicologia della scienza*, Armando Editore, Roma, 1996.
— *Motivación y personalidad*, Díaz de Santos, Madrid, 1991.
MCRAE, B., y D. BROOKS, *The seven strategies of master presenters*, Career Press, NJ, 2004.
MORRIS, D., *L'uomo e i suoi gesti*, Arnoldo Mondadori Editore, Milán, 1977.
O'CONNOR, J., *Il libro del leader*, Ecomind Publications, Salerno, 2000.
OSBORN, A. F., *Applied imagination*, Charles Scribner's Sons, Nueva York, 1953.
PACORI, M., *Cómo interpretar los mensajes del cuerpo*, De Vecchi, Barcelona, 1999.
PADRINI, F., *El lenguaje secreto del cuerpo*, De Vecchi, Barcelona, 2001.
PASCAL, B., *Pensamientos*, Alianza, Madrid, 2004.
PASSERINI, W., y A. TOMATIS, *Management dell'ascolto*, Franco Angeli, Milán, 2003.
PÉGUY, C., *I misteri*, Jaca Book, Milán, 1978.
PERELMAN, C., y L. OLBRECHTS-TYTECA, *Trattato dell'argomentazione*, Einaudi, Turín, 1996.
PIERCE, J. R., *La scienza del suono*, Zanichelli, Bolonia, 1988.
PIRANDELLO, L., *Mashere nude*, Newton, Roma, 1994.
— *Uno, ninguno y cien mil*, El Acantilado, Barcelona, 2004.

PIROVANO, F., *La comunicazione persuasiva*, De Vecchi, Milán, 2001.
QUAGLINO, G. P. (a cargo de), *Leadership*, Raffaello Cortina Editore, Milán, 1999.
QUENEAU, R., *Ejercicios de estilo*, Cátedra, Madrid, 1989.
QUINTILIANO, M.F., *Instituciones oratorias de Quintiliano*, Librería y Casa Editorial Hernando, Madrid, 1942.
RAMORINO, N., *Corso di dizione*, De Vecchi, Milán, 1991.
REBOUL, O., *La retorica*, Il castoro, Milán, 2004.
ROMAGNOLI, A. M., *La parola che conquista*, Mursia, Milán, 1986.
ROSTAND, E., *Cyrano de Bergerac*, Espasa-Calpe, Pozuelo de Alarcón, 2003.
RUMINATI, R., y D. PIETROSI, *La negoziacione*, Raffaello Cortina Editore, Milán, 2001.
SALLUSTIO, F., *Belle parole*, Bompiani, Milán, 2004.
SCHULER, E., *Asertividad*, Gaia, Móstoles, 2002.
SÉNECA, *Cartas a Lucilio*, José J. de Olañeta, Palma de Mallorca, 2003.
SHAKESPEARE, W., *Obras completas*, Aguilar, Madrid, 2003.
SIMMEL, G., «Sociology of the senses: visual interaction», en *Introduction to the science of sociology*, Chicago, 1921.
SQUICCIARINO, N., *El vestido habla*, Cátedra, Madrid, 1990.
STEWART, I., y V. JOINES, *AT hoy: una nueva introducción al análisis transaccional*, CCS, Madrid, 2007.
VECCHIA, M., *Hapù – Manuale di tecnica della comunicazione pubblicitaria*, Lupetti, Milán, 2003.
VENEZIANO, C., *Manuale di dizione, voce e respirazione*, BESA, Lecce, 2004.
VV. AA., *Educare al teatro*, La Scuola, Brescia, 1998.
WALTERS, L., *Secrets of successfull speakers*, McGraw Hill, Nueva York, 1993.
WATZLAWICK, P., J. H. BEAVIN y D. D. JACKSON, *Pragmatica della comunicazione umana*, Astrolabio, Roma, 1971.
WATZLAWICK, P., J. H. WEAKLAND y R. FISH, *Change*, Astrolabio, Roma, 1974.
WATZLAWICK, P., *La realtà della realtà*, Astrolabio, Roma, 1976.
WELCH, J., *Jack Welch: descubra la sabiduría del líder más admirado*, Gestión 2000, Barcelona, 1999.
YOURCENAR, M., *Memorias de Adriano*, Planeta, Barcelona, 2005.

ÍNDICE

INTRODUCCIÓN	9
Por qué este libro	9
CAPÍTULO 1. DE LA RETÓRICA AL *PUBLIC SPEAKING*	11
La fuerza de la experiencia	11
La argumentación persuasiva: la retórica	12
Las tres claves del orador	14
Ariadna o el hilo de la razón	19
Cyrano de Bergerac: la pasión infinita	20
Antígona o la coherencia absoluta	22
CAPÍTULO 2. COMUNICAR: PENSAMIENTO EN ACCIÓN	25
Los polos de la comunicación	25
Comunicación: juego de influencias recíprocas	36
La importancia del *feedback*	48
El orador «obsesionado por el público»	50
El vestido nuevo del emperador	51
CAPÍTULO 3. LA VOZ Y SUS SECRETOS	57
Pronuncie el discurso como si tuviera vida propia	57
Los sonidos articulados	60
Una buena articulación para dar cuerpo a las palabras	64
La pausa: decir, con el silencio, lo que las palabras no dicen	66
Cómo mantener la atención del interlocutor	67
La voz: vehículo de emociones y sentimientos	74
CAPÍTULO 4. LENGUAJE CORPORAL	77
La forma también es contenido	78
Una visión de conjunto	78
Présence: un modo de «estar» en situación	81

La expresividad del gesto 90
La mirada: punto de encuentro. 98
El arma blanca de la sonrisa. 99
El hábito no hace al monje... ¿y al orador? 100

CAPÍTULO 5. TEMPESTAD EMOCIONAL 105
Hablar en público genera estrés 105
La relación mente-cuerpo 113
Las anclas... 115
... y el anclaje de estados de ánimo provechosos 117
Cómo controlar el estrés inicial 119

CAPÍTULO 6. CREACIÓN DEL CONTENIDO. 125
Pensar creativamente 125
Inventio 126
La germinación del contenido 129
Brainsailing: navegar con el pensamiento 129
Radiant thinking, pensamiento radial. 130
Del *brainstorming* al mapa mental 132
De la *inventio* a la *dispositio* 134

CAPÍTULO 7. ORGANIZACIÓN DEL CONTENIDO 139
Algunas ideas sobre la *commedia dell'arte* 139
Ventajas de una conferencia bien organizada. 140
Los materiales de que disponemos 140
¿Qué estilo? ¿Y con qué objetivo? 152
Dispositio 154
Elocutio. 159
La fuerza de la argumentación 163
Aproximación práctica a los instrumentos de la persuasión . . . 166
Exordio y conclusión 169

CAPÍTULO 8. GANARSE LA ATENCIÓN DEL PÚBLICO 179
Trucos que impulsan a escuchar 179
La *actio*, es decir, la declamación 182
Cómo conquistar la confianza del público 185
Sintonizar con los interlocutores. 191
«Vender» eficazmente nuestras ideas. 194
Actuar sobre la motivación 195
Preguntas y respuestas: participar mediante el debate 201

Capítulo 9. Las palabras del líder motivador 207
En primer lugar, credibilidad 207
Crear y transmitir una imagen atractiva del futuro 210
Transmitir energía y entusiasmo 213
El *re-mapping*. 216

Capítulo 10. El soporte visual 223
Una imagen vale más que mil palabras 223
El soporte comunicativo 224

Conclusión 229
Guía del buen orador 229
Y para finalizar... 229

Bibliografía 231

www.ingramcontent.com/pod-product-compliance
Lightning Source LLC
Chambersburg PA
CBHW070610170426
43200CB00012B/2649